INVESTMENT

一本书读懂
投资理财学

呼志强◎编著

北方文艺出版社

图书在版编目（CIP）数据

一本书读懂投资理财学 / 呼志强编著．-- 哈尔滨：北方文艺出版社，2016.4（2019.3 重印）

ISBN 978-7-5317-3561-8

Ⅰ．①一… Ⅱ．①呼… Ⅲ．①投资－基本知识 Ⅳ．① F830.59

中国版本图书馆 CIP 数据核字（2016）第 061884 号

一本书读懂投资理财学

YIBENSHU DUDONG TOUZI LICAIXUE

作 者 / 呼志强

责任编辑 / 王金秋

出版发行 / 北方文艺出版社

网 址 / www.bfwy.com

邮 编 / 150080

经 销 / 新华书店

地 址 / 黑龙江现代文化艺术产业园 D 栋 526 室

印 刷 / 廊坊市长岭印务有限公司

开 本 / 787×1092 1/16

字 数 / 180 千

印 张 / 15.5

版 次 / 2016 年 4 月第 1 版

印 次 / 2019 年 3 月第 2 次印刷

书 号 / ISBN 978-7-5317-3561-8

定 价 / 69.80 元

前言

股神巴菲特曾经说过："一个人一生能够积累多少财富，不是取决于你能够赚多少钱，而是取决于你是否能够投资理财。毕竟钱找钱胜过人找钱，要懂得钱为你工作，而不是你为钱工作。"巴菲特也正是秉持着这种财富理念，以100美元起家，靠着非凡的智慧和理智的头脑，在短短的40多年间创造了400多亿美元的巨额财富，最终向世人演绎了一段从平民到世界巨富的投资传奇。

亚洲首富李嘉诚也主张：20岁以前，所有的钱都是靠双手勤劳换来的；20～30岁是努力赚钱和存钱的时候；30岁以后，投资理财的重要性逐渐提高。李嘉诚有一句名言："30岁以前人要靠体力、智力赚钱，30岁之后要靠钱赚钱。"

俗话说：吃不穷，穿不穷，算计不到就受穷。可见"算计"着生活对个人和家庭至关重要。随着经济水平的提高，大家再也不用像以前那样捉襟见肘地过日子了，但是对于大多数家庭而言，“算计”着生活仍是一门很重要的学问。“算计”是什么？“算计”其实就是我们现在的热门话题——投资理财。

有专家说：世界上的有钱人中1/3的人是天生有钱，1/3的人是靠投资创业积累财富，1/3的人是靠投资理财致富。但是，出生在富裕家庭的人毕竟是少数，而创业的成功概率仅为7%，所以绝大多数的人是靠投资理财致富的。

“投资理财”不是靠卖力气赚劳务，也不是靠上班领工资，因为这些都只是“财”而不是“理”。所谓“投资理财”，其实就是将工资、劳务或其他所得投入资本市场，对其进行打理、整合，让这些钱在市场中自己生出钱来。

为什么有些人越忙越穷，有些人却又有钱又有闲？

为什么很多人勤劳却不富有？

为什么很多高收入者依然是穷光蛋？

如果你对投资理财一无所知，那么你一定要阅读本书，本书是投资理财的最佳入门读本。

本书以投资和理财为主要切入点，针对读者所面临的投资方式和理财方法，为他们精心设计了贴近实际的投资理财规划。除了具体的投资理财实务，书中还为读者提供了投资理财基础和投资理财风险的知识，配合大量的日常理财案例，帮助读者迅速建立投资理财观念，掌握投资理财要点，实现财富人生。投资赢得财富，理财改变命运。

《一本书读懂投资理财学》将告诉你最精湛的投资理念、最实用的投资工具、最实战的投资技巧。

目录

投资基础篇

投资实务篇

投资风险篇

投资基础篇

一、投资才可以致富

致富有两种途径，一是用力气，二是用钱。把自己的体力和脑力出售给别人换取薪水都是用力气去赚钱。很多人相信努力工作可以致富，但前提必须是薪水足够高，现实是很多人虽然工作越来越努力，薪水却增加得太慢太慢。而用钱去赚钱才是致富的最高境界，撒下的是一粒种子，却能够长成一棵参天大树。

对于我们的财富来讲，最大的威胁就是通货膨胀。通货膨胀会一点一点地把我们的财富侵蚀掉。美国历史上从 1900 年到 2000 年，货币贬值至原来的 1/54。而在中国，经过不到 30 年的时间，由于通货膨胀的影响，1 元人民币的购买力只有原来的 1/30。所以，为了抵御通货膨胀对财富的影响，你必须学会投资，一定要让财富的增长速度超过通货膨胀的速度，这样才能保证财富的绝对值不会缩水。

抵御通货膨胀的影响，你不能把钱只存在银行，因为储蓄的功用只是杯水车薪，以储蓄存款的方式持有现金，只是典型的低风险、低收益的选择。

世界各国的经济发展历史表明，通货膨胀是长期存在的趋势。如果你不做投资，把钱存在银行，仅靠银行的那点利息，你的财富会缩水很多。这时候，投资是你避免风险的唯一选择。

投资不仅能让富人拉开财富距离，还能让财富平平者变成百万富翁。通常来说，在个人创造财富方面，靠打工能够达到的财富级别十分有限，因为打工所要求的条件和“技术含量”较低，而投资创业需要有一定的特质条件，因此绝大多数人还是选择通过打工来获取有限的回报。事实上，投资是我们每一个人都可为、都要为的事。从世界财富积累与创造的现象分析来看，真正决定我们财富水平的关键，不是你选择打工还是创业，而是你是否选择了投资致富，并进行了有效的投资。

当然，投资致富的观念最有价值的地方是告诉你：“投资可以致富。”有了这种认识至少可以让你对致富有信心、有决心，充满希望。不管你现在拥有多少财富，也不管你一年能省下多少钱、投资的能力如何，只要你愿意，你都能利用投资来致富。

1. 不投资并不能保证你的安全

曾经有位投资专家测算过，就算有 100 万元，如果不做任何投资的话，15 年后也会“坐吃山空”。根据“‘十五’和 2006—2015 年经济发展报告”预测，2006—2015 年中国每年将至少保持 3%—4% 的通胀率。按此水平，到 2015 年，100 万元只相当于 2005 年约 60 万元的购买水平，一家三口如果算上教育成本、消费成本的话，估计支撑不了 15 年，这还不包括随时可能发生的需要应急的支出。

好多人为了避免风险，不愿进行必要的投资。例如，对待股市，他们从不愿涉足，而是将钱储蓄起来，认为这样可以有效地规避股市风险，天真地以为“不炒股就没风险”“股市涨跌与我没关系”。而实际上，股市已经成为整个社会经济的一部分，其影响力已经渗透到了经济领域的方方面面，可以说，股市与我们每一个人都息息相关，不管你炒不炒股、乐不乐意，你都与股市脱不了干系。当股市上涨的时候，不投资的人没有享受到收益，反而无形中受损；当股市崩盘时，不投资的人照样躲不过，受到间接的冲击。

近几年来，各地房价一路疯涨，不少特大城市更有赶超美国纽约、中国香港等国际大都市房价的趋势。尽管如此，不少楼盘开盘销售半日即告罄的新闻却常常见诸报端。老百姓怨声载道而房屋销售火爆，究其原因，股市的财富效应是重要原因之一。这对于不投资的人来说，等于财富严重地缩水。

通过投资赚钱的人，大肆地买房、买车、买名牌，生活水平大幅度提高。而那些置身“市外”的人的生存空间却逐步被挤压，在别人的生活质量不断提高的情况之下，你自己的生活质量也就在无形当中下滑了。

有些没有投资的人总是希望市场大跌，跌得越惨越好，甚至希望大崩盘。因为他觉得他没投钱进去，市场跌得多严重都与他没关系。这是对投资的错误认识。其实一旦股市大跌，城门失火，将会殃及池鱼，谁也难以幸免，没有谁能够成为真正得利的渔翁。

历史上最著名的 1929 年美国股市大崩盘以后，控股公司体系和投资信托的崩溃，大幅削弱了借贷能力和为投资筹措资金的意愿，这迅速转化为订单的减少和失业的增加。到 1933 年，几乎在四个劳动力中就有一个人失业。这种经济低迷持续了将近 10 年的时间，对民众的生活造成了巨大的影响，人们生活水平大幅下降。可见，不投资并不能保证你的安全。

因此，我们不能只看表面现象，而要对投资和风险有清醒的认识，眼光要放长远，用投资来开创自己的财富人生。

2. 把手中的钱用活

生活中人们都有这样的感觉，钱再多也不够花。为什么？因为“坐吃”必然带来“山空”。试想，一个雪球，放在雪地上不动，只能是越来越小；相反，如果把它滚起来，就会越来越大。钱财亦是如此，只有流通起来才能赚取更多的利润，正所谓“钱财滚进门”。

小张和小李大学毕业后一同分到了某电脑公司做程序开发员，两人学历一样，收入相同，但两个人的投资观念却大相径庭。小张的投资思路比较灵活，前些年股市红火，小李利用懂电脑的优势，购买了股票分析软件，天天 K 线 D 线的研究，并把平常积攒的 8 万元全部投入股市。一年多下来，他的股票市值就升到了 12 万元。后来，他见股指涨幅太大，各种技术数据也显示风险的降临，便果断平仓。这时，单位附近正好开发了一条商业街，由于当时股市红火，所以购房者寥寥无几，最后房产商不得不将现房降价销售，小张便用这 12 万元加上贷款买了一套沿街商业房。四年时间下来，他的沿街房已经升值到了 30 万元。后来，他见当地房产价格已经见顶，立即将房产出手，把 40 万元全部买成了某某开放式基金，结果一年多的时间又实现了 20%的赢利，40 万元成了 48 万元。前段时间他买了一套 60 平方米的房子和一辆小轿车，小日子过得让人羡慕不已。

而小李在投资上则十分保守，刚毕业那两年他的积蓄和小张不相上下。

但为了稳妥起见，他一直把积蓄存入银行，满足于每年坐收利息。可他没有考虑货币的贬值因素，如今银行定期1年期储蓄的年利率为3.50%，而由于通货膨胀，小李的积蓄在不断“负增长”。所以直到现在，小李在单位仍然属于“穷人”，别说买房子、车子，买辆电动车还得考虑半天呢！

钱具有流动性，它就像山中清澈的泉水一样，源远流长，来去自如。一潭静止的水，表面上虽如明镜一般光滑无波，实际上却是污浊的一潭死水。泉水却是涌流不息的活水，永远清洁而令人振奋。守财奴用钱的方式，就像是堵住了泉水的出口一样，旧水出不去，新水当然进不来，将原来澎湃的活泉，变成了一潭死水！

如何把手中的钱用活，是投资的一门大学问。有的人初涉商场比较顺利地赚到一笔钱，就想打退堂鼓，或把这一收益赶紧投资到家庭建设之中，或把钱存到银行吃利息，或一味地等靠稳妥生意，避免竞争带来的风险，而不想把已赢得的利润又返回投资做生意再去赚钱，更不想投资到带有很大风险性的房地产、股票生意之中，把本来可以活起来的资金封死了，不能发挥更大的作用。

人的生命在于运动，资金的生命也在于运动。作为金钱可以是静止的，而资金必须是运动的，这是市场经济的一般规律。资金在市场经济的舞台上害怕孤独，不堪寂寞，需要明快的节奏和丰富多彩的生活。把赚到的钱存在手中，把它静置起来，总不参与市场竞争不是上策。因此，奉劝大家：尽管你家有万金，你还是应该继续努力，而不能“坐吃山空”。从这一古训出发，你可以得到如下启示：既然剩余价值是从货币——商品——货币中流通中产生的，那么，为什么不用已有的钱财去投资经商，而把它死存呢？

3. 有小钱也别让它闲着

2009 年刚参加工作时，实习期丁鹏的月工资仅 1500 元，扣去日常的花费和房租，基本没什么闲钱。转正后，才有了些闲钱，这时才开始考虑如何投资。2012 年初，丁鹏开始他的投资理财计划，第一步是购买了 3 万元的基金，虽然当初购买基金有为完成任务的原因，但想不到一年下来，丁鹏的基金竟获得了 14%的收益，这在他单位里算是赚得最多的。掘到“第一桶金”的丁鹏接着又购买了第二只基金。现在，他 70%的资金用于投资基金。

同期，丁鹏考虑到分散投资，又将 3 万元购买国债，剩余的钱大部分办理零存整取业务，小部分钱留着日常花销。零存整取虽然不能给丁鹏带来多大的利息收入，但他说这是约束他乱花钱的有效手段。

经过一年多的投资，丁鹏积累了一些经验。他说，在对自己的钱财打理之前，每个人都要有一个具体的投资计划，有投资侧重点。选择投资产品时，第一要注重投资产品的安全性和变现性。在搭配投资产品上，80%资金可用于稳健型投资产品，20%可考虑风险投资。对自己的投资产品安排，丁鹏的考虑是，投资基金流动性还可以，风险也不是很大，自己急需钱时还可随时变现。国债是长期投资，其余的钱大部分办理零存整取，一年下来也是笔不小的收入。

有些人认为投资是富人的事，因为只有富人才有足够的钱进行投资。其实不然，影响未来财富的关键因素，是投资报酬率的高低与时间的长短，而不是资金的多寡。因此，投资要趁早，即使是小钱也要用好。

万事开头难，很多人在迈出第一步时都会有些顾虑。但是要尽早下决心，多花些精力在学习投资上，并且要做好长期等待的心理准备。要想获得财富，就要具备足够的定力，拒绝短期利益的诱惑。80 年前购买可口可乐公司股票的人，很多早已将股票卖出了，而一直持股到今天的人，都成为了亿万富翁，当年 40 美元一股的股票，今天已达 500 多万美元。很多投资者在走向致富之路时并不富有，因为这需要长时间的等待，需要合理地安排自己手中的资金，需要选准投资方向。

钱是生钱的资本。常有人说“我现在没有钱，根本不可能赚到钱”，这只是逃避和懦弱的借口。努力未收到成效往往是由于没有把握住时机，无论资本多与少，一旦把握住了时机，少许的金钱也可以裂变成大财富，重要的是先要踏出投资的第一步。

手头有小钱也别让它闲着，立即做一个长远的计划，以它作为走向富足的资本，积少成多，集腋成裘。

二、选择适合自己的投资

民营企业家张先生在北京见客户时偶然发现，在自己住的酒店旁边有拍卖公司正在举办预展，从小爱好收藏的张先生赶紧过去参观。结果一下子就看上了几个扇面，这几把折扇各具风貌、无一雷同，并都有着上百年的历史，而价格却只有几千元，贵的也不过几万元一把。于是，张先生毫不犹豫地交了 2 万元押金，领取了竞买号牌。在第二天的拍卖现场上，他买到了四把看好的扇子，共花费不到 4 万元。

从那以后，每次遇见有拍卖会，张先生都特别留意有没有精美的扇子。事过一年，漂亮的扇子倒是不断出现，但是价格早已经不是当初的价格了。自己留的陆俨少的山水成扇，当初不过花了 6600 元，但是一年之后，成交价就已经接近 3 万元了。张先生马上设法请来几位专家，弥补自己在鉴赏知识上的不足。如今张先生在收藏品上战绩显赫。他的成功得益于对收藏品的兴趣，早年间没钱投资收藏品，但他经常参观艺术品展览，还阅读了不少专业书籍，这都为张先生投资收藏品获得成功埋下了伏笔。

适合自己的就是最好的，那么我们应该如何选择适合自己的投资呢？专家建议我们要注意以下几点：

第一，选择与自己风险承受能力相适应的投资。不同投资者的投资应该有所区别。稳健的投资者应多注重资金的安全性，可选择国债等有固定收益的投资工具；而那些愿意承担较大风险以期获得较多收益和增值的投资者，可潜心选择普通股，尤其是具有成长潜力的普通股。当然这些投资都应以你净资产所能承受的风险为依据。

不考虑自己的风险承受能力，盲目投资往往会损失惨重。

香港著名艺人钟镇涛就曾在楼市上损失惨重。1996 年香港楼市处于顶峰，他短期借款 1.54 亿港元，“炒买”港湾道会景阁 4607 室等五处豪宅和其他项目。1997 年亚洲金融危机爆发，香港楼市下滑，他所购的项目大幅度贬值。债权人虽没收了这些房产，但他仍无法偿清债务。由于部分贷款利率高达 24%，所余本息已滚至 2.5 亿港元。2002 年 7 月，法院裁定钟镇涛破产。钟镇涛之所以损失惨重，抛开其他因素不说，与他忽略自己风险承受能力有关，在本身资金不足的前提下贷款 1.54 亿炒房，光这一点就犯了投资的大忌，血本无归也就不足为奇。

第二，选择与自己兴趣爱好关系密切的投资。随着人们经济收入的增加，生活水平的提高，邮票、字画、珠宝、古玩、钱币等投资品种也开始进入了寻常百姓家。通过投资收藏品获得丰厚的经济效益和精神陶冶，不失为一箭双雕的美事。

因此，在投资的时候绝对不能盲从，要根据自己的兴趣爱好出发，才能深入进去，达到既赢得财富又陶冶情操的效果。

1. 投资要稳定而持续

同一些发达国家相比，中国人的投资观念还处于一个相当不成熟的阶段，大多数人用投机的心态去投资，总想逮住一个机会赚一笔大钱。其实这些人忽略了非常重要的一点，那就是投资是一项长期而艰苦的工作，有大量的功课要做。在一些发达国家，人们看重的是稳定而持续的投资收益，而不是大起大落的赌博式投资。

穷人别说没钱，就是有钱，也不想、更不敢去投资，因为一直有想赚怕赔的心理，所以不会有经营资本的意识，更不会有经营资本的经验和技巧。也就是说，这样的人无论一个月赚多少钱，也是固定的数，所以他永远不会成为真正的富人。

富人投资是无大小的，少有少投，多有多投，即使投出的钱血本无归，最起码也落点经验。等从头再来时，就会减少更多的失误，也就有了赚钱的可能。

美国人查理斯·卡尔森在调查了美国170位百万富翁的发家史后写了一本名叫《成为百万富翁的八条真理》的书。卡尔森所总结的成为百万富翁的八条真理是：

·现在就开始投资。他在书中说，在美国，六成以上的人连百万富翁的第一步都还未迈出。每个人在迈出第一步时都有一堆理由，但其实这些理由都只是自己在找无关紧要的借口。有人也许会说："没时间投资。"卡尔森说："那你为什么不减少看电视的时间，把精力花在学习投资上？"

·制订目标。这个目标不论是准备好小孩子的学费、买新房子或50

岁以前舒服地退休，不论任何目标，一定要订个计划，并且为了这个计划全心全意地去努力。

·把钱花在买股票或基金上。“买股票能致富，买政府公债只能保住财富。”百万富翁的共同经验是：别相信那些黄金、珍奇收藏品等玩意儿，把心放在股票上，这是建立财富的开始。

·百万富翁并不是因为投资高风险的股票而致富的。他们大多数只投资一般的绩优股，步伐虽慢，但是能低风险地敛财。

·每月固定投资，使投资成为自己的习惯。不论投资金额多少，只要做到每月固定投资，就足以使你超越2/3以上的人。

·坚持就是胜利。调查显示，3/4的百万富翁买一种股票至少持有5年以上，将近四成的百万富翁买一种股票至少持有8年以上。股票频繁买进卖出，不仅冒险，还得付高额资本税、交易费、券商佣金等，“交易次数多，不会使你致富，只会使代理商致富”。

·把税务局当投资伙伴，善用之。厌恶税务局并不是建设性的思维，而应该把税务局当成自己的投资伙伴，注意新税务规定，善于利用免税的投资工具，使税务局成为你致富的助手。

·限制财务风险。百万富翁大多过着很乏味的生活，他们不爱换工作，只结一次婚，不生一堆孩子，通常不搬家，生活没有太多意外或新鲜，稳定性是他们的共同特色。

投资致富是“马拉松竞赛”而非“百米冲刺”，比的是耐力而不是爆发力。对于短期无法预测，长期具有高报酬率的投资，最安全的投资策略是：

先投资，等待机会再投资。

2. 不同时期，不同投资

现在许多人把投资的重点放在房地产上，主要是因为这几年房地产市场被炒得火热，有关方面统计数据中的平均房价也一直看涨，让人觉得傻子买房都能赚钱。其实这是典型的财富幻觉，是缺乏房地产专业知识和投资知识的表现。房地产和其他所有的投资一样，也是一种市场行为，是市场行为，就要受市场规律的制约，有利润，当然也有风险。什么时候买房子能赚钱，在什么地方买房子能赚钱，买什么样的房子能赚钱，什么样价位的房子能赚钱，都需要用市场规律和专业知识去分析。如果盲目投资，也只能像前些年股票市场红火的时候，全民炒股，人人都指望股票发财，结果大多数人都未能如愿。

看来，投资需要的不仅仅是勇气，不能盲目跟风，不能想当然，不能蛮干，还需要深厚的知识做后盾。我们可把人生划为四个时期，不同的时期采用不同的投资策略。

（1）单身期

这是指刚工作未组建家庭的年轻时期。这个阶段的人收入以薪金为主，而且数额比较小，甚至有时会入不敷出，但不要以此为理由而拒绝投资。即使每月投入100元，也可以做基金定投。虽然净资产值相对较小，但如果能坚持长期投资的话，赢利能力还是相当可观的。

（2）养育期

这主要是指从结婚生孩子到孩子成年的一段时期。这是人生最重要的一段时期。这一时期一般收入较多，比较稳定，但负担也最重，是保险需求的高峰期，基本上都需要购买房屋偿还贷款，所以可供投资的余钱并不多。

这一阶段的人除了延续单身时期的基金定投外，家庭增加保险保障是必不可少的，按照个人风险承受能力的不同，可以尝试投资不同比例的债券型基金。在银行投资产品的选择方面也可以尝试本金安全、收益浮动的产品。

一般说来，浮动收益型的产品由于风险稍大于固定收益型，因此产品的潜在收益也通常相对较高。此外，可根据各家庭的实际情况，适当尝试股票、黄金及外汇买卖。

（3）稳定期

这是指孩子成年后到退休的一段时期。这是最稳定的一个阶段。这一阶段的家庭成员由收入稳定的中年夫妻及成年儿女构成，家庭收入达到巅峰期，且支出逐渐降低，是家庭投资的黄金时期。开始生成投资收入，减少债务，积累资产，为未来的退休提供保障。

这一阶段的人可在投资师的帮助下，建立具有长期性、中等风险的多元化的投资组合。此时，银行的投资产品、新股产品及基金都是不错的选择。当然，还要买足终身寿险和年金保险，投资黄金和住宅之外的不动产。当然贯穿一生的基金定投也是不可缺少的。

（4）退休期

这一阶段的人群由退休的老年人构成，收入减少，并且，因为健康等原因造成潜在支出增加。生活收入主要依靠社会保障收入（退休金收入）和投资收入。

这一阶段的人投资的重点是降低风险，要逐渐地把多元化的投资组合转变为固定收益或者低风险的投资产品。应选择低风险的投资来保住价值，少量资金可进行一些有一定风险但基本风险可控的投资以抵御通货膨胀对资产造成的损失。如债券基金、银行固定收益型投资产品，并可配置少量混合型基金。中年时期已买足的各类保险是当前年老多病多意外的保障，而坚持了几十年的基金定投，这个时候可以转为“基金定赎”，与退休工资、年金一起，共同构成养老的现金流，维持老人的生活质量。

财富是靠积少成多、“钱滚钱”地逐渐累积，平稳妥当的投资规划应及早拟定，才有助于逐步实现“聚财”的目标。照顾好钱，钱也会照顾好你。从一袋爆米花到一次海滨度假游，只要留心，时时处处都能省下银子。

3. 选择投资工具和投资策略

因为现在投资的工具太多了，所以很多人都不知道应该如何投资。定存、股票、基金、期货等，五花八门，应有尽有，该如何选择最适当的投资工具呢？有人认为低利率时代，因为定存收益低，无法创造丰厚的利息收入，所以首先不会去选择定存。有的人则认为股票难赚，如果去买股票，投资报酬率绝对会比基金好，但是现在上市公司如此之多，投资人根本不知道该买哪只股票才好，选股难度大大增加！期货市场与境外投资机构陆续开放，投资股市的难度已经非常高了。投资到底应该选用什么样的工具？投资者陷入了不知如何是好的境地。

有的人在股市赚了钱，再去投资基金，结果赔了钱；而有的人则正好相反，更有的人买什么赔什么，全部被套住，于是认为自己不是投资的料。实际上，正如“戏法人人会变，各有巧妙不同”的道理，投资也是各有各的巧妙。投资工具没有好坏之分，重点是哪一个最适合你。股票回报率高，但是并不是每一个人都能玩得转的。在金融开放、自由的资本市场中，各式各样的结构与标的不同的投资工具，宛如后宫佳丽三千。只有情人眼里才出西施，只有适合自己的才是最好的。

投资界也有适者生存、优胜劣汰的金融达尔文哲学，市场不可能容许屡赔不赚的投资工具生存下去。而对于每一个人来说，想要适者生存，就要找对适合自己的生存法则，适合自己的投资工具。投资就像谈恋爱一样，并非帅哥与美女就一定是最好的搭配，关键还要看是否合适。只要合适，不论美丑都是成功的，而如果不合适，即使郎才女貌也不会幸福。选择正确的投资工具与自己谈恋爱一样，只有这样自己才会足够用心，才能赚到钱。

除了选择正确的投资工具外，还要保持投资策略的一致性。

有这样一个故事：在一片森林中，生活着一群猴子，每天太阳升起的时候它们外出觅食，太阳落山的时候回来休息，日子过得平淡而幸福。有一天，一名游客穿越森林时不小心弄丢了一块手表，一只年轻的猴子拾到了这块手表。这只聪明的猴子叫作蒙科，它很快就搞懂了手表的用途。于是，它便成了整个猴群的明星，每只猴子都向它询问确切的时间，整个猴群的作息时间也由它来规划。在这个过程中，蒙科逐渐建立起威望，当上了猴王。

蒙科认为是手表给自己带来了好运，才使自己当上猴王。于是它每天除了规划其他猴子的时间以外，就是在森林里面巡查，希望能够再拾到更多的表，让自己的运气更好。终于，有一天，它又获得了第二块手表。但这块表不仅没有给蒙科带来好运，反而给他添了麻烦。因为两只表的时间不一样，蒙科也不知道哪一块表上的时间是正确的。从这一天起，再有其他的猴子来问它时间时，它的回答就不再那么果断，变得支支吾吾。结果猴群的作息时间变得混乱，蒙科的威信也日渐下降。终于有一天，有另一只强壮且有智慧的猴子起来造反，把蒙科推下了猴王的宝座。同时把蒙科的“宝贝”也收为己有。但很快，这个新的猴王也面临着和蒙科同样的困惑。

这个寓言故事告诉我们，只有一只手表的时候，我们可以知道准确的时间，但拥有两只或者更多的手表，我们却无法确定现在是几点。因为更多的钟表并不能告诉人们更准确的时间，反而会让人们失去依靠手表来获知准确时间的信心。这个道理就是在管理学和教育学中被普遍关注的“手表定律”。事实上，这个定律对于我们投资者也有一定的启示作用。

在进行股票、期货等证券投资的过程中，我们不能主观地将各类不同的交易思路胡乱搭配，而应保持投资策略的一致性，这样才能实现稳定赢利。

三、用智慧投资是永远的赢家

人人都想赚大钱，人人也都在赚钱。但大多数人赚钱靠的是工资收入。这只是基本意义上的赚钱。可以说，靠工资赚钱，只是小学阶段；工资只能用来解决温饱问题，如果尚有节余，一般人就会存入银行，日积月累，连本带利，就会有一笔小小的资产，这也只是中学阶段。但存钱毕竟还是初级阶段，人们希望让自己的钱增值潜力更大，让一定数目的钱生出更大数目的钱，甚至滚雪球似的翻番增长，这就需要选择增值效益大的投资工具、投资方式，如果你的投资观念正确，投资工具选对了，投资产生了等比效应，那你就进入了靠投资赚钱的大学时代。

赚钱——存钱——投资，这是一个由低向高延伸的过程。

也许你的资本很少，但你比别人差的只有这一项而已。而且在时间的天平上，富人与穷人永远是站在同一起跑线上。你要想有钱，就必须紧紧抓住有限的人生，让自己的每一分钟都为财富装上轮子，让它鼓足能量在创造财富的道路上向前飞转。

投资可以致富，可以实现更高的人生价值。投资不仅是金钱的投资，更是智慧的投资。即使没有多少本钱，但只要有智慧，照样可以积累财富。

（1）花钱要有重点

挣钱就得花钱，但是你想过花钱的“质量”吗？投资讲究的是使已有的金钱增值和正确合理地使用金钱。如果你只关注收入增加，而对减少支出没有足够关注的话，那么收入的增加还有何意义？

每个人花钱都有目的，因此，钱虽然已不属于自己所有，但必能得到比它更有价值的东西。所以，支出金钱时，你首先应考虑“这个支出是否必要”，如果你在每次花钱时都考虑这个问题，资金利用效率就会有所提高。

（2）掌握花钱的时机

花钱的时机是非常重要的。如果将几年前买房子的人和最近买房子的人相比较，可以发现两者之间的差距：前者是在金钱较有价值的时候买的，所以占了不少便宜。同样，现在买房子肯定要比以后买有利得多。

有些人非常善于选择支出金钱的时机。他会在经济景气时去赚钱，等到通货紧缩开始时就去投资。只要你能把握大势，抓住时机，把钱投资出去，自然就能使金钱增值。同样的钱，投资的时机不一样，效果差异也是很大的。

1. 成本平均法，坚持能赚钱

人们在投资的过程中，很难控制自己的投资心情：贪婪、恐惧和盲从。我们经常会听到身边有朋友说，我买了某某股票，本来已经涨了很多，但是很遗憾我没有及时卖出。或者是本来市场已经出现了很好的投资机会，但是因为人们的恐惧心理，害怕行情会继续下跌而错过投资时机。还有人总是迷信所谓的“内部消息”，结果也经常是竹篮打水一场空。在证券市场越来越规范的今天，想获得令人满意的投资收益，需要有正确的投资方法。而利用成本平均法进行长期投资，就是一个不错的选择。

利用成本平均法投资，一个前提条件就是投资时间应该相对较长。如果是一笔很快就会使用的投资，那么这种投资方式就不合适了。因为成本平均法的原理就是通过市场的波动，在价格较低时买入较多的份额。这样可以避免对买入时机进行选择，而这个选择通常是最令普通投资者头疼的问题。这样一来，只要市场有波动，那么投资者就会有获利的可能。但是，假如投资时间较短，也许在这段时间内市场波动幅度有限，或者市场经过下跌还没有回升，而这时投入的资金马上就要使用，那么，使用成本平均法就不是很好的选择了。因此，这种方法最适合长期投资的情况。

王辉今年30出头，在外企的他平时工作非常紧张，晚上加班更是家常便饭。繁忙的工作使他没有时间关注股市的变化，但是又不满足银行的低利息，于是他通过非常特殊的方法进行投资。他每月固定投入200元进行同一证券的买卖，连续投资6个月。由于利用了正确的投资方法，所以在市场上升、下降或者波动但价格不变时，王辉的投资都获得了好的收益。而且王辉不用考虑究竟应该何时出手投资，也不用每天花时间研究股票的走势，但却取得了让别人羡慕的投资收益。

很多人热衷于预测市场涨跌。其实不要试图“择时”，因为很多风险无法一眼看出。即使是投资基金，也不要一次性投入所有资金。还是采取

“平均成本法”，即每个月定期、定额投入，既不因市场上涨而增加，也不因市场下跌而减少。长期来说，平均成本法能够让你在所有市场都赚钱。对于个人投资者，这是一种增加财富的最佳投资方法。

2. 不要把鸡蛋放在一个篮子里

2007 年 9 月，李健投资 50 万元和朋友合伙成立了一家软件公司，并努力吸引风险资本的关注，希望在事业上有所成就。同时，根据“要把很多的鸡蛋放在不同的篮子里”的理论，他把手头另外 160 万元资产进行分配：50 万元投资房产，50 万元投资外汇，60 万元分别投资澳大利亚股票和国内股票。李健想分散风险，因此多面出击。毕竟他的资产并不是很少，如果在资产很少又有很强的增值愿望的前提下，则更适合集中操作。

三年后分配在不同领域的投资资产，各自取得了增长，只是李健没有想到的是，自己的这些资产会增长到近千万元。李健在投资房产方面赚得盆满钵满，手中房产的评估价值已经达到 590 万元，他仍然手握 190 多万元的现金，在等待下一套值得投资的房产。虽然他投资在国内股市的 30 万元资产缩水到了 15 万元，但李健投资的澳洲股票每年都有稳定的回报，当初投入的 5 万多澳元至今已翻倍，约合人民币 60 万元。在汇市投资方面，李健用作外汇投资的 50 万元如今增值了 50%。

三年来，李健一直按照当时资金分配的数额在进行操作，没有因为房产盈利多而迅速增加房产的投资，也没有因为澳洲股票比较稳定而增加持股数量，一切都还按当初的分配。

“把鸡蛋放在不同的篮子里”，李健这个投资理念是相当成功的。

1990 年，马科维茨、夏普和米勒同时获得了诺贝尔经济学奖。他们的主要贡献就在于对投资组合和证券市场理论的分析。投资组合，简单地说，就是“把鸡蛋分放在不同的篮子里”。这样，即使部分篮子摔了，也不至于导致弄破所有的鸡蛋。

为了防范投资市场的风险，不要将鸡蛋放在一个篮子里，不要将资金投资在某一个或某一类品种上，而是需要组合投资，以分散投资风险，避免投资损失。其核心思想就是东边不亮西边亮。组合投资有三句箴言：“不要把所有的鸡蛋放在同一个篮子里”，意味着要分散风险；“不要一个篮子里只放一个鸡蛋”，即组合投资并不意味着把钱过度分散，过度分散反而会降低投资收益；“把鸡蛋放在不同类型的篮子里”，不同类型的篮子是指相关系数低的投资产品，例如股票基金与债券基金各买一些，这样的组合才能发挥组合投资的优势。

组合投资的本质、要害、目的，是为了分散投资风险，获得平稳收益。它建立的基础，是对于各行业、各公司的发展前景有一定把握，但没有太大把握。所以，大体上均衡持有，以获得有保障的基本收益。它是稳健投资的一个基本策略。通常情况下，采用这个策略，投资业绩不会好到哪里去，但也不会坏到哪里去。

现在市面上可供选择的投资品种很多，股票、基金、外汇、房产、黄金等等不一而足，而各自的收益和风险又不一样。作为普通老百姓来说，投资这些资产既想要取得理想的收益又要规避风险，而控制投资风险的最好的办法之一就是分散投资并根据情况的变化调整自己的投资组合。多种投资方式同时进行，这样才能够有效地避免风险。

3. 利润最大化原则

你愿意将以1元钱成本生产的工艺品卖100元，还是将以99元钱生产的工艺品卖100元？

这个问题，看起来就像一加一等于几一样毫无难度。显然百分之百的人都会选择前者。虽然用哪一种方式卖工艺品你都会得到比你生产用的成本多，无论是多99元还是多1元。既然哪种投资都能赚取利益，那为什么还要烦恼用哪一种方式进行售卖呢？

事实很简单，因为同样是赚，那当然是挑投入最少，赚得最多的交易。这就是所谓的“利润最大化原则”。

怎么样才算是利润最大化呢？

说清楚这个问题并不难。这就需要认识两个概念：边际效益和边际成本。

如果你是一家企业的老总，当企业在生产一种商品时，你只停留在一个生产水平而止步不前，那么我要告诉你，要不然你是太有钱可供乱花费，要不然你这家企业肯定会“关门大吉”。事实上，一般正常的企业为追求最大利润，总会多次进行扩大生产，而每一单位投资都会产生相应的收益，这个收益就是边际收益。边际收益有一个很重要的原则，就是递减原则。

打个比方，走在路上，你忽然感到口很渴，于是在路边买了五杯水。当你喝下第一杯水的时候，你觉得它比任何东西都要美味；你喝下第二杯水的时候，你觉得它味道好像差了点；喝完第三杯水，你觉得足够了，其实不用再喝了；为了省钱你硬喝下第四杯水；最后，肚子胀得鼓鼓的，看着第五杯水，你已经在害怕喝下它会把肚皮胀破了。

为什么会这样？

这是因为从第一杯水到最后一杯水，你喝水享受解渴感觉的那种边际效益在逐步递减。

投资还要明白什么叫作边际成本。名字叫成本，顾名思义，当然是指生产或购买商品所投入的本钱。边际成本就是每生产或购买一单位商品所投入的成本。在这里，这个边际成本就是指每买一杯水所支付的钱。

当边际效益等于边际成本时，那么恭喜你，你达到了利润最大化。

当然，理论和实践总是有一些差距，以上的结果要在理想条件下才能达到，市场上互动的因素很多，总会遇到一些突发情况。

事实上，我们经常处在一个竞争极其激烈的市场环境下，同一样产品，同样的投资，几乎有成千上万的投资者在对市场份额进行“争斗抢夺”，一不小心便会被“枪林弹雨”所击中，被人淘汰也是家常便饭。通常企业为了能够有一尺“立身之地”，就算在边际效益小于边际成本的状态下，也依然会增大产量，务求薄利多销，尽可能达到垄断市场的目的。这其实万变不离其宗，还是在“曲线救国”，最终还是在争取“利润最大化”。

边际效益只有低到一定程度，之前多赚的利润都不够补贴成本时，你的企业才真的会进入亏本的阶段。

所以有时候，在市场经济的局限下，利润最大化可能仅仅是空中楼阁，未必每一位投资者都能够追求利润的真正最大化，但是这一定是他们投资所追求的最高目标。

人们投资，总希望得到较好的回报。如何投资收益才能大呢？

（1）反潮流投资获益大

很多投资者从众心理极强，一窝蜂地买进、一窝蜂地卖出，有时可能赚些小利，但费时间耗精力，动作稍微一慢，或者被套，或者割肉赔钱。而反潮流买卖者，抢先一步买入，抢先一步卖出，轻轻松松赚大钱，当然这需要不凡的勇气，以及对大势和上市企业的了解。

一位专门收集票证的收藏家私下透露了他的冷门捷径："炒"粮票。他解释说，粮票本无价，但它作为我国特定历史时期的产物，在票证中独树一帜。目前虽关注的人较少，但潜在的增值性不可低估。据说，香港几家邮社以100港元以上的标价大量征集成套粮票，特别是早期"文革"粮票。有齿、变体、生肖系列及特殊用途的粮票价格不断看涨。

（2）根据自己性格选择投资方式终身受益

敢冒风险的人投资股票。这种人喜欢刺激，把冒风险看成是浪漫生活中的一个重要内容。他们一经决定，就义无反顾地参与炒股，甚至终生不渝。

脚踏实地的人投资房地产。他们干劲十足，相信自己的未来必须靠自己的艰苦奋斗。他们知道，房地产是长期的、最赚钱的投资。

信心坚定的人选择定期储蓄。这种人在生活中有明确的目标，没有把握的事不干，对社会及朋友也守诺言，不到山穷水尽不改变自我。

井然有序的人投资保险。这种人生活严谨，有板有眼，不期望发财，但满足眼前，一旦遇到意外，也有生活保证。

审美能力高的人投资收藏。这类人对时髦的事物不感兴趣，对那些稀有而珍贵的东西则爱不释手。

搞投资还是要结合自己专长，这样投资风险才会小。喜欢投资什么，或者认为投资什么好，除了看好投资对象有无投资价值外，还要看自己的兴趣和专长。有的人在房地产市场里如鱼得水，但做股票却处处碰壁；有的人爱好集邮，上路很快，不长时间就小有成就，但对房地产却提不起兴趣，费了九牛二虎之力，仍找不到窍门。可见，投资者首先必须认识自己，了解自己，然后再决定投资什么，如何投资。

总之，投资既是人人想做的事，又是一门学问，投资者只有从实际出发，脚踏实地，发挥自己的专长，善用自己的智慧，才能得到较好的回报。

四、根据投资理论，制订投资计划

在生活中，缘何那些有才华的人没有取得人生的成功呢？这主要是因为他们做事缺乏计划性，他们的投资行为都发生在一瞬间，或是一个似是而非的消息，或是心血来潮的冲动，几十万上百万的资金就在很短的时间内投入进去，没有理由，更没有计划，对于投入后市场将可能发生的变化没有任何预期，如此的投资行为本身在开始前就已经埋下了失败的种子！

投资市场是复杂多变的，充满了风险。这就需要投资者进行必要的谋划。有了投资计划，我们才能有条不紊地实施自己的投资步骤，才不会方寸大乱，手足无措。要制订自己的投资计划，可以通过如下五个步骤来完成：

步骤一：认清自己的性格

很多人在投资过程中遭遇失败就是因为不能很好地克服自身性格上的缺陷。从一部分投资失败者的经历来看，往往都是他们性格弱点的大暴露。比如，有的投资者原本做好了充分的准备购买一只股票，但在第二天开盘后，发现这只股票走势很恐怖，顿时开始自我怀疑，进而推翻之前自己所做的所有肯定。更糟糕的是，在这样的情况下，有的投资者听信别人购买了一只根本不熟悉的股票，结局基本上只有一个——投资失误。

因此，这里要告诫投资者的是：不要按主观好恶去投资。在投资时，要坚定地按照自己原订的计划走，只有这样，才能减少失误、增加收益。

步骤二：设定合理的收益预期

很多人没有合理的收益预期，他们觉得钱赚得越多越好。这是非常错误的想法。对于投资而言，任何人都不能抱着一夜暴富的心理，设定不合理的收益预期。因为不合理的收益预期往往会促使投资者做出不理智的决定，带来巨大的风险。

步骤三：判断大环境

看宏观形势，投资者必须把握国际形势，并不一定要成为专家，至少是要去关注它，平时要多思考。比如说投资国内股市，那么投资者就应该思考，国际形势的变化会怎样影响到国内股市，会具体影响到哪些板块。有些敏感的投资者已经形成了这种连续性的思维习惯。例如，有人在听到美国发现新油田的消息后，马上就预感到石油价格会下跌，分析石油价格下跌股市哪几个板块最受益，然后在这些板块中选择跌得差不多的、基本还可以的买入，单就这一个行为，仅仅两个月不到就收益20%。这就是会分析、会判断的重要性。

其次，要把握好国内投资的热点，而对国内宏观形势的判断，和我们投资决策有直接关系。看国内形势把握投资热点，必须要看国内的宏观政策导向。

步骤四：多元化投资方案

投资的风险与收益并存，收益越高往往风险也越大。好的投资方案可以使投资者较大限度地提高收益，躲避风险。例如，在股票市场上，投资者很难准确预测出每一种股票价格的走势。假如贸然把全部资金投入于一种股票，一旦判断有误，将造成较大损失。如果选择不同公司、不同行业性质、不同地域、不同循环周期的股票，也会相应降低投资风险。

步骤五：降低投资风险

奉劝有稳定收入的人不要投机，因为投机往往会影响工作。要学会在不降低生活水平的前提下，增加自己的投资收益。

如果你决定要将闲置的钱拿去投资的话，首先要制订出一个周密可靠的投资计划，这样，你就可以有条不紊地去实施你的发财梦想了。

1. 运用杠杆原理带来大收益

杠杆原理亦称“杠杆平衡条件”。它是由著名的科学家、浮力定律的发现者阿基米德发现的，它的内容主要是指利用很小的资金获得很大的收益。拿投资服装生意来说，假如你有1000元钱就可以做1000元钱的生意了，进货买入1000元的衣服可以卖出1400元，自己赚了400元，这就是自己的钱赚的钱，就是那1000元本钱带来的利润。这是没有杠杆作用的。从银行贷款是要给银行利息的，这个道理大家都知道。利息就是你从银行拿钱出来使用的成本。这等于是你用利息买来银行的钱的使用权，使用后你还是要还给银行的。如果你看准做服装的生意肯定是赚钱的，可以从银行贷款10万元，使用1个星期，假如利息正好是1000元，这等于你用原来的本钱1000元买了银行10万的使用权，用这10万元买了衣服，卖出后得到14万元。你自己就赚了4万元。这就是用自己的1000元撬动了10万的力量，用10万的力量赚了4万的钱。这就是一个杠杆的例子。

杠杆常常用“倍”来表示大小。如果你有100元，投资1000元的生意，这就是10倍的杠杆。如果你有100元可以投资10000元的生意，这就是100倍的杠杆。例如做外汇保证金交易的时候，就是充分地使用了杠杆，这种杠杆从10倍、50倍到100倍、200倍、400倍的都有。最大可以使用400倍的杠杆，等于把你自己的本钱放大400倍来使用，有1万就相当于有400万元，可以做400万元的生意了。这是一项多么值得利用的条件！

还有我们买房子时的按揭，也是使用了杠杆原理。绝大多数人买房子，都不是一笔付清的。如果你买一幢100万的房子，首付是20%，你就用了5倍的杠杆。如果房价增值10%的话，你的投资回报就是50%。可见，用杠杆赚钱来得快。但是，凡事有一利就有一弊，杠杆也不例外。杠杆可以把回报放大，它也可以把损失放大。同样用那100万元的房子做例子，如果房价跌了10%，那么5倍的杠杆损失就是50%。例如美国发生的次贷危机，其主要原因就是以前使用的杠杆的倍数太大。

在股票、房价疯涨的时候，许多人恨不得把杠杆能用到100倍以上，这样才能回报快，一本万利；而当股票、房价大幅下跌的时候，杠杆的放大效应迫使很多人把股票和房子以低价卖出。而当人们把股票和房子低价卖出时，则造成了更多的家庭资不抵债，被迫将资产以更低价出售，从而造成恶性循环，导致严重的经济危机。

总之，我们在使用财务杠杆之前有一个更重要的核心要把握住，那就是成功与失败的概率是多大。要是赚钱的概率比较大，就可以用很大的杠杆，因为这样赚钱快。如果失败的概率比较大，那根本就不能做，做了就是意味着失败。

杠杆可以把回报放大，同时也可以把损失放大，利用资金杠杆要慎之又慎。

2. 少数人赚钱的二八定律

二八定律也叫巴莱多定律，是 19 世纪末 20 世纪初意大利经济学家巴莱多发现的。这一规律表明：在任何一组东西中，最重要的只占其中一小部分，约 20%，其余 80%的尽管是多数，却是次要的，因此又称二八法则。

二八定律是可证的，而且不断地被实践所证明。通常一个企业 80%的利润来自它 20%的项目；20%的人手里掌握着 80%的财富。有这样两种人，第一种占了 80%，拥有 20%的财富；第二种只占 20%，却掌握 80%的财富。为什么呢？原来，第一种人每天只会盯着老板的口袋，总希望老板能给他们多一点钱，而将自己的一生租给了第二种 20%的人；第二种人则不同，他们除了做好手边的工作外，还会用另一只眼睛关注正在多变的世界，他们明白什么时间该做什么事，于是第一种 80%的人都在替他们打工。其实，这一案例不过是二八定律的翻版而已。

今天，人们惊奇地发现，“二八法则”几乎适用于生活的方方面面，如股票市场 80%的人赔钱，只有 20%的人赚钱。从投资角度来说，它有两层含义：首先，在家庭投资上，投资的品种不必面面俱到，应抓住关键的少数重点突破；其次，对于一个投资产品不仅要看到收益，更要看到收益背后的风险补偿。

日本有一位商人，就是运用“二八原理”，在钻石生意上获得了意想不到的成功。钻石，是一种高级奢侈品，它主要是高收入阶层的专用消费品，一般收入的人是购买不起的。而从一般国家的统计数字来看，拥有巨大财富、居于高收入阶层的人数比一般人数要少得多。因此，人们都存在这么一个观念：消费者少，利润肯定不高。绝大多数人都不会想到，居于高收入阶层的少数人却持有多数的金钱。换句话说，一般大众和高收入人数的比例为 80 ∶ 20，但他们拥有的财富比例却要倒过来 20 ∶ 80。这个日本商人正是看中了这点，他把钻石生意的眼光投向了这些只占人口比例 20% 的有钱人的身上，一举取得了巨额的利润。

20世纪60年代末的某个冬天，这位商人就抓住时机开始寻找钻石市场。他来到东京的 S 百货公司，要求借该公司的一席之地推销他的钻石，但该公司根本就不理他，断然拒绝了他的这个请求。

但他丝毫都没有气馁，仍坚持用“二八原理”来说服 S 百货公司，最后，终于取得 S 百货公司郊区的 M 店的同意。M 店远离闹市，顾客极少，生意很不好，但这位商人对此并不过分担忧。钻石毕竟是高级的奢侈品，是少数有钱人的消费品，生意的着眼点首先得抓住财主，不能让他们漏网，以赚取将近 80% 的人的钱。当时，S 百货公司曾不满意地说：“钻石生意一天最多能卖 2000 万日元，就算是很不错了。”

该商人立即反驳说：“不，我可以卖到 2 亿日元给你们看。”之后不长时间，这个商人的生意就红火起来。他先是在 M 店取得日销 6000 万日元的业绩，大大突破了一般人认为的 500 万日元的效益。

到了 1971 年的 2 月，钻石商的销售额突破了 3 亿日元，他实现了曾许下的诺言。

他的钻石生意成功了，奥秘究竟在哪里呢？就在于“二八原理”。

当然，对于任何一种投资产品，都存在利率风险、通货膨胀风险、流动风险和信用风险等。投资产品的收益率，实际上应该等于无风险收益加上风险补偿，投资者可以将银行活期利率视为无风险收益。从这个意义上看，要获得比市场高20%的收益，投资者将付出比一般银行储蓄多80%的风险。比如说银行一年期利率高于活期利率，就是对于流动性风险的补偿。

了解了这个原理，投资者在选择日常投资产品时，就应对高收益品种保持一份谨慎，特别是那些不符合目前规定的投资品种，其高收益的背后，是对于信用风险的补偿。收益越高，代表了其发生信用危机的可能性就越大，这种信用风险实际上就是转嫁了处罚它的违规成本。

对于各大金融机构推出的保本投资，投资者也应有新认识。目前市场上一些保本投资品种基本上都需要封闭一段时间，投资者其实要面临利率风险、通货膨胀风险、流动风险等，到头来，投资者所获得的收益，可能会比银行活期利率还少。从这个意义上说，仅仅希望本金不损失，投资者可能不仅没获得收益，反而会赔钱。

投资作为一种用钱赚钱的手段，如果投资者有心尝试的话，请牢记“二八定律”，即：投资者一定争取到只有20%的人才能得到的收益。

3. 钱往低处流的洼地效应

所谓的洼地效应是指：在经济发展过程中，人们把“水往低处流”这种自然现象引申为一个新的经济概念，叫“洼地效应”。从经济学理论上讲，“洼地效应”就是利用比较优势，创造理想的经济和社会人文环境，使之对各类生产要素具有更强的吸引力，从而形成独特竞争优势，吸引外来资源向本地区汇聚、流动，弥补本地资源结构上的缺陷，促进本地区经济和社会的快速发展。简单地说，指一个区域与其他区域相比，环境质量更高，对各类生产要素具有更强的吸引力，从而形成独特竞争优势。

例如房地产。当房地产围合一个湖泊中心发展之时，便形成了自湖心向四周土地递减的级差地租，大致出现“近贵远贱”的圈层分布，这其实就围合出湖心的价值洼地。一旦因某种特殊原因填湖开发，那么，湖心洼地的地价和房价就会突然井喷，创下区域地产的最大价值，甚至引发周边地产的价值飙升，即产生了洼地效应。当然在房地产实际开发中，所谓的洼地不一定就是湖心区，也可能是市政中心、城市广场或历史建筑区等等对于区域价值有提升作用的区域。

“洼地效应”是近两年比较流行的词，在经济学的财经分析中我们常会看到。比如，中国市场的巨大投资潜力和发展空间，吸引到越来越多的国际投资者的目光，使外资投入持续增加，这样就说中国在全球经济中产生了洼地效应；也可以形容江浙一带对人才的吸引，说其民间资本的持续发展产生了洼地效应；而当解释蓝筹股在弱市中的井喷行情时，就会比较其动态市盈率和平均市盈率，说其产生了价值洼地。

对于投资者来说，“洼地效应”的概念好理解，但如何才能在股票市场上找到真正的“洼地”，获得投资的巨大收益呢?

一是如果发现有做实体产业，每股业绩高达1元以上，而且其产业方向和经营业绩基本能处于长期稳定，在经济危机中不但没遭受重创，还能迅速翻身挺过来的公司股票，则是属于“洼地”的投资目标。

二是遭受长期冷落，但关乎国计民生的股票。例如属于人民大众最重要的吃饭问题的粮食和农业概念股，是可以而且必须持续发展的永恒产业，如果其业绩和发展预期良好，而且没有被爆炒过，则属于价值洼地，非常具有投资价值。

三是关注那些属于国家规划扶持发展，真正生产与科研结合，有能力、有规模和实力做新能源产业的，必然在不远的将来影响到后续人类的生产、生活方式，无论现在起始阶段多么迷茫，或是股价已被炒得很高，但只要是符合全球人类革新方向的，就还值得长远投资布局，不过可能得有一定耐心。

对于要通过投资来赚取更高收益者来说，寻取“洼地效应”来投资应该是首选。

投资实务篇

一、股票是最好的抗通胀品种

股票是最流行、最火爆的投资方式。从短期来看，股票具有很大的风险，操作不好有可能血本无归。但从长期来看，股票风险并不是很大。股票相对于其他的投资来说，在长期性投资方面的优越性很明显，回报率相当不错。海外大量的历史数据表明，股票的收益率在长期几乎不受通货膨胀率的影响，是一种出色的长期保值工具，而银行存款、各类债券、短期票据等固定收入资产都无法与股票相提并论。统计数字显示，在整个 20 世纪，美国股票的表现远较债券及其他金融投资工具为佳，连股息在内的股票平均年收益率达 9.9%，债券只有 4.9%，存款则低至 3.5%；期间平均通胀年率为 3%，排除通胀率对货币购买力的侵蚀，股票的收益率仍有 6.9%，债券和存款分别只有 1.9%和 0.5%。

为了不让自己的财富不明不白地缩水，工作 4 年的王女士把全部积蓄投入了股市打算搏一搏。经过认真的挑选，王女士以每股 5.75 元的价格买了 4000 股民生银行，结果买入第二天，股票便跌了 9 分钱，对此，王女士并不感到灰心。王女士说："负利时代想办法挣钱是很自然的事情，但可以挣钱的方法并不多。银行投资产品、基金定投的方式过于温吞，而且8%的理论收益率还不一定能达到。炒外汇和炒黄金倒也是一种办法，但其和国际接轨的双向机制却不符合中国人的惯性思维。想来想去也只有炒股符合条件，如果炒好了，收益自然不错，如果赔了，不过是从头再来，反正20000元既不能买车也不够买房，赔了就当没赚过好了。"抗通胀将是今后很长一段时间我们生活的主基调，而按常理，在通胀的初期和中期，股市会出现一次趋势性的上涨，然而，投资者需要警惕的是"股票是最好的抗通胀品种"，并不代表所有股票均能抗通胀，只有极少数股票能抗通胀，多数夹在中间的、资本支出庞大的制造业股票不仅不能抗通胀，反而会受到通胀的严重伤害。那么，究竟哪些行业和板块属于这"少数派"？

首先是与大宗商品有关联的资源类板块和以粮食为主的农产品板块。其次是大消费板块。大消费板块包括汽车、家电、医药、零售百货、服装、食品饮料等。再次是公共事业类板块。公共事业类上市公司处在自然垄断之下，业绩能够保持相对稳定。一般所说的公共事业板块包括电力、交通设施、供水供气等行业，这些行业在2010年经济成长的过程中，业绩收入稳定增加，未来成长性良好。

合适的股票，在合适的价格才能抗通胀，而非所有股票、不论价格均能抗通胀。通胀预期不是仓促决策的理由，最重要的一条就是要考虑股票的质地及介入价格。在没有合适价格、足够安全边际的可交易证券之前，一定要将钱包看得紧紧的。

1. 偶尔会赢，更多的时候是输

曾经有个故事这样讲：有个小女孩，小时候非常喜欢吃麦当劳的汉堡，于是在奶奶的鼓励下买了3股麦当劳的股票。25年以后，当年的3股原始股成倍增长，已将近200股，价值接近2万美元。这个例子说明了一个非常简单的投资理论：如果你实在觉得某样物品价格增长过快，在付出更多钱买这样东西的同时，你为什么不考虑去买它的股票呢!

当然，上文所提及的例子只是非常偶然的一个个案，股市远没有想象中的那么完美。这几年来中国的GDP一直都在稳定增长，然而股市的增长却非常有限。不过，这也并不意味着就没有类似的投资机会，最大的问题是机会出现时，你能不能把握得住。

2014年下半年到现在，股市、房市都开始回暖，股市重新成为很多投资者的乐园。

2015年4月20日《南方都市报》报道：一名证券公司的保安，1997年入市，他不懂股票，但很相信有知识的人，拿了3000元让别人帮忙买进。到现在他都不知道当时买入的价格是多少，但是他却记得很清楚，那只股票约赚了1000元。

2008年初，小保安离开了坚守多年的保安岗位，带着几万元积蓄全职炒股。没想到遇到牛市，账户上一下有近50万元的资金。这让他感觉走路时脚底都带着风。2008年2月1日，小保安用六成的资金重仓002006的精功科技。约一个月后，小保安在3月6日将该只股票全部卖出，盈利超过16万元。

2008年3月7日，小保安选中了一只股票——中国远洋，这是无数中国老股民的“噩梦”，也成为他的“滑铁卢”。一日又一日，中国远洋“跌跌不休”。2008年底，小保安卖出了中国远洋，亏损46.6万元。2008年后，他又做起了保安，重新拿着每月不到3000元的固定工资，仅仅够其温饱。

股市红火的时候，人们卖房借钱往股市里钻，生怕晚一点钱就被别人赚光了，他们知道股票的上升有停止的那一天，可因为投机心态，贪婪仍推着它的主人继续前进，直到股市大跌，把人送往坟墓。股票是一种融资工具，这决定了炒股只能是一种投资行为和投资方式，绝不是豪赌运气的俄罗斯轮盘，更不是奥运赛场上的跳高运动，单靠殊死一搏根本不可能取得成功。

资本市场最大的特点就是收益性、风险性和短期方向的不确定性。也就是这些特点塑造了其独特的魅力，吸引着越来越多的人买入股票和基金。

赚钱总是少数人的事情，大多数人都属于后知后觉，等到行情步入兴奋期，到了相对高位的时候，纷纷跟风杀入，结果是长期被套，而且还会怀疑长期投资的信心。

市场总是“在犹豫中上涨，在欢乐中死亡”，每次上涨都是在不知不觉之中，机会属于先知先觉的人。

喜欢玩老虎机的人都知道，哪怕返奖率高达80%，最后在算总账的时候一定还是赌场赚钱，因为它稳赚那20%，返奖的这部分只是一小部分的幸运儿，更多的是在赔钱。这些人都是投机者，只有老板才是投资者。股市再跌，仍是有许多人送钱进来，于是小部分进了投机者的腰包，大部分归于理性和成功的投资者。这可以说是一条食物链，投机者处在最底端，翻身的可能性很小，除非让自己变得聪明务实，不再急功近利。

投资是一种长期致富行为，而幻想通过短期的冒险来一夜暴富是投机。事实上不少股民、基民都梦想着第二天醒来时自己名字已经上了福布斯排行榜，只要股票涨一点，他们就像赌徒一样疯狂下注，也许偶尔会赢，但更多的时候是输，甚至会倾家荡产。

2. 投资股票怎样防范风险

股票市场是一个迷人的地方，它造就了无数的财富神话。它可以让你大赚一把，也可以让你赔得血本无归。当人们在为变化莫测的价格曲线着迷的时候，股票散发的魅力正在吸引越来越多人加入其中。

作为投资者，股民必须要对股票的投资有一定的风险控制策略，也只有这样才可能避免股市的残酷和无情。对于个体投资者而言，成功的风险控制主要分为以下几点：

（1）掌握必要的证券专业知识

股民要了解起码的股票常识。必须熟读五本以上与股票相关的书籍，不只熟悉股票投资的相关用语，也能看到股票投资的光明前程。

（2）坚守停损卖出

停损卖出是让损失降到最小，获利放到最大的几个秘笈之一。就算失败了九次，只要有一次成功，就能获得大胜。要做到这一点，必须坚守停损卖出才可能达到。

（3）树立自己的原则

股票投资没有正确的答案，只要适合自己就行了，这就是原则。树立个人独特的原则，是股市投资的重要课题。

（4）心理上要有一定的认识

要看到伴随着高收益的高风险，不少股民在股市上都是赔钱的，因此要做好“利益自享、风险自担”的心理准备。在挫折面前，不怨天尤人，不灰心丧气，否则就会影响你的判断力，做出错误的决定；而如果你能保持冷静、理性地研究行情，分析技术指标，你将能避免不必要的损失，并由此获得比较丰厚的收益。

（5）确定合适的投资方式

股票投资采用何种方式因人而异。一般而言，不以赚取差价为主要目的，而是想获得公司股利的多采用长线交易方式。平日有工作，没有太多时间关注股票市场，但有相当的积蓄及投资经验的人，多适合采用中线交易方式。空闲时间较多，有丰富的股票交易经验，反应灵活的人，采用长中短线交易均可。如果喜欢刺激，经验丰富，时间充裕，反应快，则可以进行日内交易。

（6）只有持股才能赚大钱

“长线是金，短线是银。”这句话是股市中流行了多年的经典。有人说想在股票市场赚大钱，必须学会持有股票的本领。不管你是否有水平研究指数，是否有水平选择股票，真正能使你赚到钱的真功夫就是如何持股。股市投资只有持股才能赚大钱，想靠调整市中的抢反弹来增加利润和弥补亏损，本身就已经掉进了主力的陷阱。

3. 买卖股票的好时机

股市受战争、政治及一些意外因素影响很大，但这些因素对股市的影响是一时的。在国家稳定时期，内在时机是占重要地位的。股市上有句谚语:

“不要告诉我什么价位买，只要告诉我买卖的时机，就会赚大钱。”因此对于股票投资者来说，选择买卖时机是非常重要的。

买入时机因投资时期长短、资金多少等因素而有所不同，但也是有规律可循的：

• 当有坏消息如利空等消息传来时，由于投资者的心理作用，股价下跌得比消息本身还厉害时，是买进的良好时机。

• 股市下跌一段时间后，长期处于低潮阶段，但已无太大下跌之势，而成交量突然增加时，是逢低买进的佳时。

• 股市处于盘整阶段，不少股票均有明显的高档压力点及低档支撑点可寻求，在股价不能突破支撑线时购进，在压力线价位卖出，可赚短线之利。

• 企业投入大量资金用于扩大规模时，企业利润下降，同时项目建设中不可避免地会有问题发生，从而导致很多投资者对该股票兴趣减弱，股价下跌，这是购进这一股票的良好时机。

• 资本密集型企业，采用了先进生产技术，生产率大大提高，从而利润大大提高的时候，是购买该上市股票的有效时机。

选择好的时机买进股票难，在好的时机卖出股票更难，因此，卖出股票也必须掌握一定的技巧，否则不仅不能赚钱，还可能无法脱手。以下几种情况是卖出的好时机：

• 买进股票一周后，价格上涨了 50%以上，此时出售，投资收益率远高于存款利率，应当机立断，该出手时就出手。

• 长期上涨的行情，要适可而止，切莫贪心，赚一倍即出手。

• 突然涨价的股票，并且涨幅较大，应立即脱手。在这种情况下，股价很可能受大户操纵，若不及时出手，一旦大户抛售完手中的股票，一切就将悔之晚矣，再想卖出就困难了。

• 股价上涨后，行情平稳之际宜卖出股票；成交量由增转减时，宜卖出股票。

• 视具体情况，对各种不同类型的股票加以灵活对待。

股票投资，也有其相应的策略，以下就介绍几种股票投资的策略，希望对你的股票交易有所帮助。

（1）顺势投资

顺势投资是灵活的“跟风”、反“零股交易”的投资股票技巧，即当股市走势良好时，宜做多头交易，反之做空头交易。但顺势投资需要注意的一点是：时刻注意股价上升或下降是否已达顶峰或低谷，如果确信真的已达此点，那么做法就应与“顺势”的做法相反，这样投资者便可以出其不意而获先见之“利”。投资者在采用顺势投资法时应注意两点：①是否真涨或真跌。②是否已到转折点。

（2）“拔档子”

采用“拔档子”方式是多头降低成本、保存实力的操作方法之一。即投资者在股价上涨时先卖出自己持有的股票，等价位有所下降后再补回来。其好处在于可以在短时间内挣得差价，使投资者的资金实现一个小小的积累。

（3）保本投资

保本投资主要用于经济下滑、通货膨胀、行情不明时。保本即投资者不想亏掉最后可获得的利益。这个“本”比投资者的预期报酬要低得多，但最重要的是没有“伤”到最根本的资金。

（4）摊平投资与上档加码

摊平投资就是投资者买进某只股票后发现该股票在持续下跌，那么，在降到一定程度后再买进一批，这样总平均买价就比第一次购买时的买价低。上档加码指在买进股票后，股价上升了，可再多买进一些，以使股数增加，从而增加利润。

上档加码与摊平投资的一个共同特点是：不把资金一次投入，而是将资金分批投入，稳扎稳打。

（5）“反气势”投资

在股市中，确认大势环境无特别事件影响时，可采用“反气势”的操作法，即当舆论一致看好时果断出售；反之果断买进，且越涨越卖，越跌越买。

“反气势”方法在运用时必须结合基本条件。例如，当股市长期低迷、刚开始放量高涨时，你只能追涨；而长期高涨、刚开始放量下跌时，你只能杀跌。

二、买基金，让专家帮你投资

假设你有一笔钱想投资债券、股票等进行增值，但自己既没有那么多精力，也没有专业知识，钱也不是很多，就想到与其他几个人合伙出资，雇一个投资高手操作，将大家合出的资产进行投资增值。但这里面，如果每个投资人都与投资高手随时交涉，那将十分麻烦，于是就推举其中一个最懂行的牵头办这事。定期从大伙合出的资产中按一定比例提成给他，由他代为付给高手劳务报酬，当然，他牵头张罗大大小小的事，包括挨家跑腿，有关风险的事向高手随时提醒着点，定期向大伙公布投资盈亏情况等，不可白忙，提成中的钱也有他的劳务费。上面这种运作方式就叫作合伙投资。将这种合伙投资的模式放大一千倍、一万倍，就会成为基金。

基金相对于股票来说，更适合时间紧张、投资知识欠缺的中小投资者。这是由基金的特点决定的。基金具有以下特点：

· 专家投资是基金投资的重要特色。基金管理公司配备的投资专家，一般都具有深厚的投资分析理论功底和丰富的实践经验，用科学的方法研究各种投资产品，降低了投资的风险。

·组合投资，分散风险。基金通过汇集众多中小投资者的资金，形成雄厚的实力，可以同时分散投资于股票、债券等多种金融产品，分散了对个股集中投资的风险。

·方便投资，流动性强。基金最低投资量起点要求一般较低，可以满足小额投资者的需求，投资者可根据自身财力决定对基金的投资量。基金大多有较强的变现能力，使得投资者收回投资时非常便利。

基金就是让投资专家替你投资，比较省心，收益稳定，很适合上班族。但基金是长期投资品种，持有时间长才会显现出良好的效果。

张宝是刚参加工作的工薪族，每月 3000 元收入，因为自己有住房，所以每月的开销也不大，月支出在 800 到 1000 元之间，在他银行的账户上存有 2 万元。他一直想通过投资实现短期内买 5 万元左右汽车的愿望。他很自然地想到了把闲钱做些投资，但他没有太多业余时间，也缺乏专业的投资知识，不想做风险太大的投资。

为此，张宝咨询了相关专家。目前银行投资产品多以 5 万元为投资起点，所以，张宝基本无法选择，只有储蓄存款和基金投资比较适合，但储蓄存款收益较低，恐怕难以实现张宝短期购车的愿望，专家建议选择基金投资。

投资专家给出这样的建议：因为张宝每月节余 1600 元左右，考虑到其投资风险承受能力不高，且属于懒人投资，建议购买两只债券基金作为定投。经过细心的研究和比较，张宝最后选择一只业绩表现优异的基金。他决定在两年中，把资金分批投入。张宝开始了自己的投资计划，他每月积累的2000元钱，暂存储蓄活期。张宝开始关注股票市场走势，并虚心向银行投资经理或证券专业人士请教。

每逢市场深度调整时，他就把此前积累的资金投入目标基金，然后再积累，再投入，这样有效地摊低购买成本。一年下来，张宝一算，自己的投资收益到了20%，于是张宝信心百倍，虽然第二年收益不如第一年好，但是也达到了10%。两年时间，张宝本息收益达到了63360元，最终实现了自己的汽车梦。

基金发展迅速，投资类型也有很多，包括股票型基金、偏股型基金、指数型基金、债券型基金等。对于上班族来说，如果平时上班忙，对基金又把握不准，一个最简便的办法就是通过网络，采取基金定投的投资方式，养成长期投资的习惯。

通常，只要你的电脑具有基金网络交易的功能，就可以自行选择每月当中任何一天作为你投资的日子。薪水入账日就是很好的时机。薪水一下来，就将部分金额转入基金投资，这样可以养成长期投资的习惯，不会因为有钱就乱花而成为“月光族”。如此贴心的设计，可以让当代年轻人不必担心因为忙碌而忘记投资，耽误了投资大计，也能因此一步步成为聪明的投资专家。

1. 构建基金投资组合

在黄先生眼里，负利率时代把钱放银行，实际上就是眼睁睁地看着财富缩水。然而，黄先生又不喜欢炒股，对保险什么的兴趣也不多，再加上黄先生经常出差，投资的时间非常少，所以，黄先生更加倾向于选择基金债券类的投资方式。

黄先生喜欢的投资方式是基金定投。2006年年底，黄先生的儿子出生后，他就考虑为儿子建立一笔教育基金，于是在2007年1月开通了基金定投，每月投资500元钱。2008年股市大熊，黄先生的基金账户可谓一路买一路跌，股市跌到1700点时，基金资产已亏了30%，但是他还是不改初衷坚持定投，最近他算了一笔账，定投60个月下来，累计投入3万多元，加上红利再投资收益，总收益率超过20%。

在黄先生眼里，基金定投是一个很好的投资方式。黄先生表示，强制储蓄，平均成本，分散风险，积少成多，这些都是基金定投的优势，并可以根据家庭情况、个人投资风格以及对孩子期望的不同，选择不同的起点金额和不同类型的基金。

黄先生提醒投资者，基金定投最主要的是要注意适时获利了结，十鸟在林，不如一鸟在手。例如，累计报酬率达到30%、60%、100%时，投资者可以分阶段赎回，落袋为安。如果考虑定投16年，但并不意味着办理定投之后不再打理，而应该适时把获利部分转为低风险的固定收益类产品，再用本金继续进行投资。

无独有偶，陈女士也是定投的爱好者。从2010年开始进行定投，陈女士表示："我现在每月投资1000元，留给3岁的女儿做教育基金。主要是考虑到现在通货膨胀厉害，钱放在银行也是贬值。为了女儿着想，还不如投资点定投基金，等她长大了，累积起来，也是一笔不小的资金了。而且定投基金相比其他投资方式更加稳妥和省心，钱放进去就不用操心了。”

普通投资者很难适时掌握正确的投资时点，常常可能是在市场高点买入，在市场低点卖出。而采用基金定期定额投资的方式，不论市场行情如何波动，每个月将固定金额投资基金，由银行自动扣款，自动依基金净值计算可买到的基金份额数。这样投资者购买基金的资金是按期投入的，投资的成本也比较平均。

由于定期定额分批进场投资，当股市盘整或下跌时，由于是分批承接，因此反而可以越买越便宜，股市回升后的投资报酬率也胜过单笔投资。对于中国股市而言，长期看应是震荡上升的趋势，因此定期定额非常适合长期投资计划。

可以看出，由于规避了投资者对进场时机主观判断的影响，定投方式与股票投资或基金单笔投资追高杀跌相比，风险明显降低。

然而，必须看到的是，定投跟其他投资方式一样，并不能做到稳赚不赔。有的投资者看基金赔钱时就停止扣款，等到收益出现正值时再恢复扣款，这反而错失了在低点建仓的好时机。过往数据显示，基金定投的亏损比例会随着定投周期的拉长而下降。

此外，除了定投以外，基金的投资方式和组合多种多样，如能根据自身的实际情况选择最适合自己的组合方式，不但能顺利地完成财产保值目标，说不定还会带来更多意想不到的高收益。投资者应该根据自身的风险承受能力，搭建投资组合，从而有效地降低单一投资风险。

2. 基金适合长期持有

江涛在杭州旅游学院教书，最近因为基金的事情很烦恼。“我 2007

年投资了同一家基金公司旗下的三只基金，2008年行情不好，有一只亏损赎回了，一只转换成他们的货币式基金了，还有一只一会儿转换为货币式基金，一会儿又转回股票型的，结果倒腾了半天，总算与投资本金差不多持平了。还不如我同事，他的几只基金有一阵子也跌得很厉害，最惨的一直跌幅超过了45%，可是他这两年一直放在那里，从来不操作，现在不只是回本，早就获利20%以上了。怎么会这样呢？”

和江涛一样的投资者相信不在少数。这些投资者都喜欢短线交易，进进出出热闹异常，结果只是费力不讨好，白白交了多笔申购赎回费。

对投资基金的人来说，一种尴尬的局面不可不防，那就是基金赚钱你却亏钱。出现这种情况，主要原因就是投资者不明白基金投资赚大钱也要坚持长期持有的策略。前面我们说过，在投资中，我们的想法并不能带给我们成功，只有“持股不动”才能使我们获得巨大的收益，基金投资也是如此，只有在一段时间内持有它才能获取足够的收益。

掌管麦哲伦基金的彼得·林奇，被称为“投资界超级巨星”。13年里，他创造了报酬率高达2703.12%的成长纪录，年复利增长率为32%。值得关注的现象是，就在彼得·林奇掌管麦哲伦基金的时候，许多投资该基金的人却是亏钱的，而且还为数不少。

为什么麦哲伦基金大赚特赚而它的投资者却亏损累累？就是因为这些基金投资者把基金当股票一样炒，喜欢短线交易，从来不会长期持有这种基金，结果只能是捡了芝麻，丢了西瓜。

还记得几年前基金市场巨额的赎回潮吗？那时，一部分基金持有人出现了恐慌心理要求赎回，另外一些投资者则担心大额的赎回会令基金收益下降，所以也步入赎回者的队伍中。过了一段时间后，大家发现，自己都以比当初赎回更高的价格重新申购回了那些基金。算上一来一去的申购或赎回费，再算上价格差，至少 1.5%收益率打了水漂。

还有人在基金分红后要求赎回，因为觉得自己所持有的基金“贬值了”。其实，分红使得基金的净值下降，但是基金的累计净值依然是不变的，投资人的实际收益也是不变的。

大多数买基金的人在过去 10 年，都有过买卖股票的经历，高抛低吸，追涨杀跌。他们之中相信也有不少人都曾经买过在过去 10 年涨幅非常大的股票，但却很少有人最终取得的收益率能超过这些股票的收益率。

事实上，我们统计后发现，仅仅过去 4 年间，我国还是有很多股票涨幅惊人的。如三一重工、茅台股份、酒鬼酒、云南白药等。

而我们绝大部分投资者，无论是股票、基金，还是投资型保险账户里的资金，都习惯于频繁交易，在一次次交易中我们抬高了自己的交易成本，在一次次交易前后我们丧失了大幅增长的机会。

早在 2003 年，作为一名银行的柜员，小李就和同事一起，不遗余力地为普及大众基金投资知识做着准备。那时股市低迷，一年基金的手续费都赚不出来的情况很正常，很多基金的净值还不到 1 元。小李感觉推销基金就像推销保险一样，说得天花乱坠，客户还是不能接受它。一气之下，小李自己买了几只基金。转眼到了 2006 年，他惊喜地发现，基金产品的净值在普遍上涨。于是，市民们开始议论和购买基金了。因为这一年小李要买房，还了贷款，经济方面比较拮据，所以只要股市有个风吹草动，基金价格稍微下降，他就急忙卖掉，生怕被套住。终于，房款交齐了，贷款提前结清了，可是小李买的基金，除了买了一次货币型的华夏现金增利基金赚了一点钱以外，其他的股票型、配置型的基金都没赚到钱。看着同事们抱住的几只基金都翻番了，小李的心里有些失落。朋友也说他胆子太小了，在2006年的大好行情下怎么可能没赚到钱呢？唉！

2006年的失败让小李对基金有了更深入的认识：基金适合长期持有，不能像股票一样频繁地买卖，否则只会带来一次又一次的后悔。

无论是美国股市，还是中国股市，包括主要投资于资本市场的偏股型基金，虽然大家总是念叨要坚持价值投资、长期投资的理念，但人性的弱点似乎导致很少有人能在实践中履行这样的理念。但龟兔赛跑，又真的是慢悠悠的乌龟成了最后的赢家。

如果你的资金是多年闲散，没有特别刚性用途的，那么，握有一只股票或基金，甚至投资型保险账户，熬上十年，你就很可能是那只笑到最后的乌龟！

3. 投资基金的技巧

小芬是一个刚入职场的应届生，在拿到了人生的第一笔薪水后，聪明的她就制订下了一个长远的投资计划——购买基金。但是，在选择基金时，小芬犯难了：不知购买新基金好，还是老基金好。周围的人提的建议五花八门，有的说新基金前景好、有潜力，也有人说老基金信誉好、有保障……到底应该买新的还是买老的呢？

生活中，很多投资者都会面临小芬这样的困惑。

现实中，很多投资者都热捧新基金，认为新基金比旧基金好。这除了一些销售渠道的误导和宣传之外，投资者本身的错误观点也是一大原因。在市场上，关于新基金的错误观点主要体现在以下几个方面：

新基金便宜，买到的份额多，所以合算。其实，投资基金的收益是以投资总额的最终收益率来衡量的，与份额的多少没有关系。

老基金购买的股票已经在高价位了，新基金将会买低价位的股票。这种观点也是错误的。基金的投资运作有着严格的流程，估值高的股票会被卖出，估值低的股票会被买进，因此，市场上不存在新基金专门买低估值股票的现象。

那么到底选择新基金还是老基金呢？

其实，任何东西都是各有所长的，不管是新基金还是老基金，只要能为我们带来收益的就是好基金。在市场看多、未来走势上升的行情里，老基金虽然净值已经很高了，但所持有的股票上涨，净值必然继续增长；而新基金满仓货币，货币本身不能生钱，要想升值就要建仓，但在股票普涨的行情里，新基金建仓成本必然高。而在市场看空、未来走势下跌的行情里，新基金建仓成本低，老基金持有股票市值下跌导致净值下降。因此，一般说来，市场上涨行情时，买老基金较好；市场调整行情时，新基金则较有优势。

因此，购买基金，不在于基金的新旧，本质上还是在于这个基金的投资风格是不是符合你的需求。当我们需要一个激进的基金的时候，就一定要选择一个股票基金。认购新基金也好，申购老基金也好，目标都是在股票基金的范围内。千万不要因为一个基金是新发行的，就投入大量的资金，这种事情风险太大，因为单纯的喜新厌旧肯定不是好的选择。

基金投资需要支付认申购费、赎回费、管理费和托管费等各项费用，是一笔不小的花销。投资者如果在买进与卖出基金的过程中掌握一些技巧，就可以省出一些费用。以下六种省钱渠道投资者可以选择使用。

（1）尽量选择后端收费模式，利用时间价值节约手续费

一般基金产品均有后端收费的时间性规定。只要投资者持有一定的时间，将会分享手续费方面的优惠。持有基金产品的时间越长，享受的优惠越大，直到手续费为零。因此，对于长期投资者来讲，后端收费模式是应当考虑的。

（2）巧用基金转换业务

目前很多基金公司都推出了开放式基金相互转换业务，而且对转换费用给予优惠。在市场震荡时期，将高风险的股票型基金转换成低风险的债券型或货币型基金，不仅能规避市场风险，而且能节省费用。

（3）投资货币市场基金

货币市场基金认购费、申购费、赎回费都为零，资金进出非常方便，既降低了投资成本，又保证了流动性，所以，这也是一个不错的选择。

（4）认购基金比申购基金划算

同一基金在发行时认购和出封闭期之后申购，其费率是不一样的。认购费率一般为1%左右，申购费率则在1%—1.5%之间。

（5）网上购买基金可享受手续费折扣

现在各家银行都推出了“网上基金”业务，且银行对网上基金交易都有一定的优惠政策。

（6）团购买基金优惠大

据了解，目前国内出现了不少专门针对基金团购的网站，投资者办理网站指定银行的银联卡，开通“银联通”业务，再购买相关基金，就可享受一定的团购费率优惠。有些网站实行会员制，先申请成为会员再享受相应优惠。

三、黄金投资，保值增值非它莫属

2013 年，华尔街大鳄在美联储的授意下举起了做空黄金的屠刀，黑色星期一黄金大跌 20%，世界哗然！不料半路杀出一群“中国大妈”，1000 亿人民币，300 吨黄金瞬间被扫，华尔街卖出多少黄金，大妈们照单全收。出于对通胀预期的担忧，国内越来越多的投资者开始将黄金纳入了投资组合，网上甚至爆出一名北京投资者花 8000 多万元购买了 300 公斤金条的消息。

当前的中国消费者，不差钱，差的是投资出口。截至 2012 年年底，中国居民个人储蓄余额已高达 41 万亿元。然而，国人的投资渠道一向比较狭窄。买房子吧，如今国家极力调控；把钱存入银行，由于存款利率低，与每年通胀相抵，几乎不赚钱，甚至赔本；倘若投资股市，数年以来的股市萎靡，让股民财富严重缩水。所以，在金价下跌以后，不少人把黄金探底看作投资的救命稻草。

黄金无疑是保值的不二选择，吴女士从十年前就开始购买投资金条。

不论金价是涨是跌，吴女士每年都会存两根20克的金条。十年前的国际金价在每盎司280美元到每盎司350美元之间浮动，而今年，黄金的价位已经数次站上每盎司1200美元的高点。无疑，吴女士存的金条跑过了通货膨胀。我们可以算这样一笔账，假如十年前的金价为每克80元，我们买20克金条要花1600元。如果这1600元不用来投资黄金，而是把它存入银行，假设银行利息为3.5%，十年后我们可以连本带息取出2257元，而十年后，当金价在240元每克徘徊时，假设我们按240元的价格卖出金条，我们将获得4800元。可见，实物黄金在保值功能上远远强于银行存款，唯一值得注意的是要在购买前注意回购问题。

知名经济学家陈彩虹甚至说：

即使有千万种理由认为黄金作为货币的重要性越来越弱化，黄金货币的基础地位并未丧失。如果不只是以时下黄金的市场价格来评价黄金作为货币的重要性，而是从本质上，从国际货币体系发展的前景来看待它，黄金的货币地位应当说是越来越重要，而不是相反，尽管它的表现方式在发生着重大的变化。

陈彩虹还陈述了他这一看法的理由：首先是黄金作为“制度货币”发行基础的作用并没有失去，其次是黄金货币作为储备手段的功能没有失去，再次是黄金货币作为流通和支付手段的功能没有失去，最后是黄金货币在金属市场上主要是作为货币进行交易而不是作为商品交易，这是黄金货币地位的最强大的证明。

有人看贬黄金，那也是可以理解的。世界著名股评家理查德·罗素说：“难怪各国政府不喜欢黄金，因为黄金价格上升时，等于告诉全世界它们正在贬值货币。”

在现有的投资工具中，黄金既具有大宗商品的特点，又有贵金属的属性，加上投资渠道已经非常完备，因此在对抗通胀的过程中具有很大的优势。另外，黄金的投资门槛也不高，适合大部分投资者的需求。

1. 中国的投资黄金热

地球全部黄金埋藏量约 24 万吨，迄今为止人类勘探出的黄金大概是 16 万吨。其中 10 万吨散布在全世界，无法确切地知道拥有者是谁。大概 6 万吨黄金被各国的中央银行、IMF（国际货币基金组织）、民间企业和与黄金相关的上市指数基金公司等占有着。

中国、南非共和国、美国、澳大利亚、秘鲁、加拿大、俄罗斯、加纳、蒙古等地每年新生产黄金 2500 吨左右。以此考虑，30 年后地球上将不会再开发出黄金。只能用现有的黄金彼此交换，熔化铸造，就这样一直下去。

现在各国中央银行官方黄金储存量是多少？以 2009 年为基点，美国中央银行大约有 8200 吨黄金，占绝大部分；之后是德国 3406 吨；IMF3005 吨；意大利 2451 吨；印度官方黄金储备大约 557 吨。中国官方黄金拥有量 1162 吨，5 年内达到 6000 吨，预计 2020 年之前将达到 1 万吨。

中国黄金市场开放较晚，一直到 20 世纪 80 年代，黄金都处于国家专控的范围，是不允许流通的。从 2001 年起，中国黄金市场的市场化改革进入了“快车道”。一系列金市的新政相继出台，包括启动黄金报价制度，金店开业也由传统的审批制变成了备案制。2002 年 10 月 30 日，才有了中国第一个黄金交易所。上海黄金交易所的成立，标志着黄金市场开始向流通进行转化了。

近年来，金条投资、纸黄金开始走入寻常百姓的生活。随着市场宣传力度、黄金市场的逐步放开，加上黄金期货的推出，各种各样形式的黄金投资产品日益成熟，黄金投资热继续升温，黄金也逐渐成为人们投资的重要渠道。

对于国内黄金市场来说，2007年爆发的次贷危机使得股票、房地产等传统投资渠道的收益率不佳，迫使国内投资者不得不将更多注意力转向黄金等潜在风险较低、收益率稳定的投资品种。同全世界主要市场一样，黄金在中国正在成为一种重要的投资品种。

黄金在资产组合中具有不可替代的降低投资风险、保持资产稳定的功能，同时黄金作为一种投资品种，在转移、抵押、税收等方面具有独到的优势，投资者可通过对黄金价格的把握赚取收益。对于投资者来说，要想进行黄金投资，还应该了解黄金投资的品种。在我国，现阶段黄金作为投资产品主要有实物黄金、纸黄金、黄金保证金交易三种。

第一种：黄金的实物交易。实物黄金又分为金饰品、金条、金砖、金币等。相对于其他黄金投资方式而言，实物黄金适合于中长线投资的稳健型投资者，不需要投资者具备很专业的投资知识，不用每天关注金价的波动，是最省心的一种投资方式。

第二种：纸黄金交易。纸黄金实际上是一个投资工具。纸黄金指黄金的纸上交易，投资者的买卖交易记录只在个人预先开设的“黄金存折账户”上体现，而不涉及实物金的提取。赢利模式即通过低买高卖，获取差价利润。与实物黄金交易相比，纸黄金交易不存在仓储费、运输费和鉴定费等额外的交易费用，投资成本较低，可以节省实物交易必不可少的保管费、储存费、保险费、鉴定费及运输费等费用的支出，降低黄金价格中的额外费用。同时也不会遇到实物黄金交易通常存在的“买易卖难”的窘境。这种投资方式适合于纯粹为了博取黄金差价的投资者参与，也属于中长期投资。

与实物相比，纸黄金则适合于对黄金没有“特别嗜好”的投资者参与。在整个交易过程中是接触不到真金白银的，投资者只是付出钞票来换得银行开具的纸黄金凭据。

第三种：黄金期货交易。2008 年 1 月 9 日，经中国证监会批准，中国第一个黄金期货合约在上海期货交易所上市交易。上海期货交易所上市的黄金期货已成为投资者一个新的投资渠道。一般而言，黄金期货的购买、销售者，都在合同到期出售和购回与先前合同相同数量的合约，也就是平仓，无须真正交割实金。每笔交易所得利润或亏损，等于两笔相反方向合约买卖差额。这种买卖方式，才是人们通常所称的“炒金”。黄金期货合约交易只需 10%左右交易额的定金作为投资成本，具有较大的杠杆性，少量资金推动大额交易。所以，黄金期货买卖又称“定金交易”。

黄金期货投资的缺点是：投资风险较大，因为需要较强的专业知识和对市场走势的准确判断；市场投机气氛较浓，投资者往往会由于投机心理而不愿脱身，所以期货投资是一项比较复杂和劳累的工作，需要投资者学习一些相关知识，对价格走势进行分析判断，以及通过合理的资金管理降低风险。

世界黄金协会 2008 年的统计数据显示：我国人均黄金年购买量约 0.1 克，远低于亚洲其他国家和地区人均 10 克的水平，其中投资所占比例更小。如果家里有余钱，不妨做一点黄金方面的投资。但是，黄金投资要根据自己的风险承受能力以及资金量决定黄金资产的配置比例，不宜作为家庭投资的主要投资产品，建议黄金所占的比例为家庭投资资金的5%—15%比较适宜。

由于黄金价格涨跌的周期都比较长，因此投资该类产品时最好是用闲钱投资，借贷投资不可行。另外，投资黄金应以保值为根本，在保值的基础上力求有所收益。

2. 黄金投资的最佳时机

时机就是对时间的把握和规划，抓对了，就是赢利，抓错了，恐怕就是亏损。当你眼前摆着机遇的时候，你可曾把握住了？正所谓“机不可失，时不再来”，何时才是黄金投资的最佳时机呢？

（1）看准经济低迷时

这就是说，要选择在经济低迷时投资黄金。因为黄金价格的波动往往与经济景气度、股市走势、黄金的供给等反向运动。所以，当市场出现经济低迷的情况时，也就是你投资黄金的最佳时机。先以美国为例，在1929年股市崩盘前和1968年两次股市高峰期过后，都曾出现过股价大跌而金价上涨的现象。后看世界的整体情况，自2001年以来，全球性的通货紧缩，全球各主要股市逐步走低，使得黄金投资辉煌再现。这些都说明，投资黄金应选在经济低迷时。

（2）货币利率下降时

之所以这么说，是因为货币利率变动同黄金价格的变动呈相反关系。因为，当货币利率相当高时，储存黄金的机会成本就会很高，此时，与其购买黄金不如购买能生利息的资产。相反，当货币利率下降时，投资者就可以选择黄金投资了。

（3）等到手头宽裕时

不要想通过黄金的储藏来一夜致富，更不要压上全部的资产。因为要想投资黄金，你首先要有一定的经济基础。你的生活还需要稳定的现金收入来源支撑。否则就打乱了顺序，在急需用钱的时候，反倒要“高买低卖”，亏了当初的价值。所以，在你手头比较宽裕的时候，再考虑黄金吧。

（4）处于需要保值时

投资黄金，是因为它是比储蓄更为保值的投资品种，它可以避免已有收入被通货膨胀“暗耗”，还能有效抵御风险。不过，黄金因其风险低，回报率也较低，所以，你只可在处于通货膨胀等外界市场环境波动不稳的情况下，来大量投资黄金。平时，少量持有即可。

目前，炒金正在逐渐步入黄金时期，并成为个人投资市场的热点。可是，你在炒金的时候，不能带着错误的心态，不然，钱可能就一去不回了。任何事情要想成功，都需要有良好的心态，做黄金投资也是如此。在具体的炒金过程中，一定要摒弃以下心态，轻松上阵。

①摒弃投机赌博心理

鉴于其价值具有相对的稳定性，黄金用来保值可以，投机就不适合了，投资者不可能在短期内利用它来牟取暴利。金市上注重的是长期投资，而不是一夜暴富。金市不是赌市，不要拿黄金来赌手气，被赌博冲昏了头脑的人，很容易投资失败，损失惨重。

②摒弃盲目跟风

跟着别人入市的投资者，永远只能跟在别人后面，匆忙买入或卖出，得不到什么收获。在这种心理的作用下，黄金价格很容易在群体跟风操作下出现市场力量失衡，进而导致剧烈的价格波动，造成大多数投资者的亏损。所以投资者要有独立的投资意识，切忌随波逐流。

③摒弃犹豫心理

举棋不定、犹豫不决，是投资黄金的一大忌。不管你在之前制订了多好的计划，只要是犹豫不前、左挑右挑，想在最稳妥的时候进行交易，那么，你将会在整个过程中白等一次。

④摒弃恐慌心理

投资黄金并没有什么可恐慌的。有些投资人因外界因素的影响，对黄金的前途失去信心，从而感到恐慌，拼命抛售手中的黄金。但是，作为一名投资者，在面对不利消息时最应当做的是仔细分析消息的可靠性，保持镇定，而不是自乱阵脚。

3. 选择适合自己的黄金产品

如今黄金投资已走入大众投资时代，由于黄金良好的避险功能和巨大的赚钱效应，使越来越多的投资者开始涉足黄金市场。不过投资者如果想要获利的话，必须明确自己的投资性格和风险偏好，根据各投资品种的不同特点来选择适合自己的黄金产品。

对于个人投资者来说，使用黄金这一工具对抗通胀的另外一大优势在于投资工具的便利性。在国内市场上，投资者可以通过实物金条、账户金等多种渠道进行黄金的投资，实现资产的保值与增值。其中，实物黄金被普遍认为是抵御通胀的工具。典型的产品有金交所、银行和金商的各种投资性金条。以金交所推出的实物黄金为例，目前可供提交的金条制品有

Au100g 小金条和 Au99.99、Au99.95 两种金锭，最小的提金单位为 100 克。附加费用低是金交所实物黄金最大的优势，黄金的价格依据实时的金交所报价来确定，在提金时只需要缴纳一笔每千克 2 元的提金费用。对于有藏金需要的投资者来说，这一类型的金条是成本最低的选择。

“熊猫”金币也被视为实物黄金投资的最佳选择对象之一。“熊猫”金币是世界上公认的五大投资金币，保证了其含量、成色、规格的稳定性，也提高了“熊猫”金币的被认可度。

“熊猫”金币还具有较强的收藏特性，早期发行的“熊猫”金币产品具有很高的市场价值。

还有中国黄金的“财富金条”、高赛尔的“高赛尔金条”、上海造币厂“上币金条”、中国银行的“吉祥金”、工商银行的“如意金条”、建设银行的“龙鼎金条”等。

另外一大类工具是各家银行所开设的“账户金”产品，也就是“纸黄金”。“账户金”的交易门槛低，一般几千元即可进行交易，满足了投资者资产配置的需要。同时，“纸黄金”的交易方式便利，利用网银就可实现全天候交易，便于投资者进行黄金的投资，在金价的波动中获得收益。

除此之外，投资者要记住：

（1）黄金首饰不会增值

许多人将购买黄金首饰作为投资黄金的首选方式，事实上这种投资方式并不理想。黄金首饰只能算消费品，其主要功能为装饰和佩戴，并非保值升值；而且由于黄金首饰加工和税收费用较高，其价格就要比原料金价高。黄金首饰回收时，其回收价格往往会低于原料价格，买卖之间差价较大，即使在持有期间黄金价格有所上涨，其保值效果也不明显。因此，购买黄金首饰只能算作消费，而不是投资黄金的有效方式。

（2）不要选择纪念性金条

对稳健型投资者而言，适当购买一些投资性的金条和金币是较好的投资选择，是操作较简单而又不需要经常照料的长期投资方式。由于黄金具有抵御通胀和保值的功能，从长期来看，这种投资方式的收益要高于银行储蓄。目前市场上这类产品有很多，如工行推出的“如意金”等，投资者可以通过 16 家会员银行及金店等其他黄金销售机构买卖，现在还可通过金融类会员银行代理向黄金交易所申办黄金账户卡，参与黄金现货交易，实现黄金投资增值、保值及收藏的目的。而对于一些纪念性的金条，如奥运金条等，由于买卖价差太大，不适合进行投资。另外需要注意的是，由于购买的是实物金条、金币，投资者要保证金条的外观、包装材料和金条本身不受损坏，并保留购买的单据和证明。

投资者在进行黄金投资时，也要注意：投资者在选择投资性金条时要货比三家，最好到正规交易场所进行交易。此外，还要谨慎选择保证金交易。如果没有十足的功力，投资者首先不要选择黄金保证金交易，如果希望以后能够向黄金保证金交易方向发展，那么建议先选择银行纸黄金练练手，看看自己是否存在向保证金交易方向转化的潜质。

四、炒外汇，迅速而又便捷的投资

从 2010 年 5 月起，任何一个中国公民，只要带上身份证，就可以去银行换 50000 美元，也就是说每个人都多了一条生财之道——投资外汇市场。炒外汇的人要学会做“猪”——在看不清行情的时候敢于像猪一般懒惰，按兵不动；而当机会来临时，勇于像猪一样贪心，不轻易收手。而若想准确把握时机，最根本的，要多了解相关知识。

外汇市场是经营外汇业务的银行、各种金融机构以及个人进行外汇买卖和调剂外汇余缺的交易场所。从全球角度看，外汇市场是一个国际市场，它不仅没有空间上的限制，也没有交易时间的限制，各国外汇市场之间已经形成了一个高度发达、迅速而又便捷的空间网络。

在外汇交易中，一般存在着即期外汇交易、远期外汇交易、外汇期货交易以及外汇期权交易四种交易方式。随着外汇市场的发展，进行外汇交易的门槛也越来越低，一些引领行业的外汇交易平台只需要 250 美元就可开始交易，也有一些交易商需要 500 美元就可以开始交易，这便在某种程度上大大方便了普通投资者的进入。对于一些想投资外汇市场的朋友来说，一般可以通过以下三个途径进行外汇交易。

第一，通过银行进行交易。通过中国银行、交通银行、建设银行或招商银行等国内有外汇交易柜台的银行进行交易。这种交易途径的时间是周一至周五。交易方式为实盘买卖和电话交易，也可挂单买卖。

第二，通过境外金融机构在境外银行交易。这种交易途径的时间为周一至周六上午，交易方式为保证金制交易，通过电话进行交易（免费国际长途），可挂单买卖。

第三，通过互联网交易。这种交易途径的时间为周一至周六上午，交易方式为保证金制交易，通过互联网进行交易，可挂单买卖。

外汇市场赚钱的途径有两种：一是利用汇率波动赚钱，比如先从银行借某种即将贬值的货币，全部卖出，等它贬值的时候再全部买回还给银行，从中赚取差价；二是利用利息差赚钱，也就是向银行借低息货币买入高息货币赚利息。

目前，国内市场上有六大外币品种可进行交易，分别为澳元、日元、英镑、欧元、瑞郎、加元。因为这些货币波动幅度较大，炒汇者能从中获益。由于汇价每日波动幅度不像股市那么大，若以实盘换汇交易投资的话，回报率小。利用保证金交易来投资，外汇投资人可以运用杠杆原理，以小搏大、双向交易、操作灵活，而且由于是全球性的市场，行情被个人或机构控制的机会很小，所以相对于股市来说更加透明和公平。

保证金炒汇交易方式类似于期货，有杠杆比例，且可以双方向操作。因为有不同比例的放大，赢利也就相当可观。当然，由于杠杆倍率的存在，风险也较之前者成倍地放大。

炒外汇有一个吸引人的特点就是可以双向操作，可以在货币上升时买入获利，也可以在货币下跌时卖出获利，从而不必遭到熊市套牢。

1. 炒汇要看基本面

现有关于外汇波动原理的书比比皆是，有从经济理论去研究的，有从数理统计去研究的，也有从几何图形去研究的，还有从心理和行为科学的角度去研究的，但外汇市场的波动仍经常出乎投资者的意料。在相信运气、喜欢跟运气赌博的同时，小客户的另一大心理弱点是迷信一些技术分析，而不是服从市场本身的走势。

大部分小客户在外汇市场已有一点经验，自以为对技术分析、基础分析有独到体会。但是，单纯依靠技术分析或基础分析，是很难对外汇市场走势做出准确预测的，因为影响价位变化的因素复杂而多变，有太多不可预知的事件，很难完全靠技术和可能的规律来解决问题。

技术分析手法，有些实用，有些则是花哨的摆设，真正胜算极高的绝招，恐怕也不会轻易透露出来，因为用的人多了，就可能失效。在外汇市场这样的有效市场里，不可能人人都同时赚钱。

与其把精力花费在某些华而不实的技术上，还不如先踏踏实实摸透外汇市场走势的特性，特别是特定时间内价位走势的行为特性。

对于初学炒汇者，最基本的就是要学会看各国经济基本面，这样才能把握好某种货币升值或贬值的趋势。

在汇率的起伏中，汇率的变化很难把握，但是万变不离其宗。一个国家的经济基本面是影响汇率的重要因素。初学炒汇者需学会看各个国家经济基本面。一般来讲，由于各个宏观、微观因素及自然原因的影响，一个国家的货币兑换另一国家货币的汇率都是不断上下浮动的。

第一，各国经济的增长速度是影响汇市的最基本因素。一个国家的经济增长速度如果上升，对该国的货币就会形成利好，这个国家的货币就会升值。在汇市中，美元占据了主导地位，所以一定要关心美国的经济数据。

第二，货币的供应量。货币的供应量是指一个国家的央行或发行货币的银行发行货币的数量，这对汇率的影响是很大的，一个国家必须保证自己国家的货币供给保持一定的数量。如果发行的纸币过多，就会造成该货币相对贬值。

第三，利率水平。利率和汇率是紧密联系的，如果一个国家的利率过低，那么有可能造成货币从一个低利率的国家流向一个高利率的国家，投资者从而获取息差。

外汇交易虽然强调顺势而为，但这并不意味着投资者可以不加分析地盲目跟风。那些没有主见的人，很容易成为市场的牺牲者。所以投资者必须树立正确的投资理念，遵循以下原则：

（1）准备充分原则

选择外汇投资，投资者应掌握外汇市场基本知识，尽可能多地占有外汇投资资料。没有知识、资料的投资是盲目的，是注定要失败的。

（2）理智投资原则

理智投资是建立在对外汇市场客观认识的基础之上，投资者应该冷静而慎重，善于控制自己的情绪，对所要投资或已经投资的外汇要详细分析研究，既不可主观臆断，自以为是，也不可人云亦云，盲目随从，要时刻保持清醒、理智的头脑。入市之后，不妨暂离市场稍作休息，清醒一下头脑，理一理纷杂的思路。

外汇市场时刻变化，当你经过分析研究，选准时机入市后，汇市很可能暂时与你的预测背道而驰。此时，你不免开始怀疑自己的判断是否正确，再加上别人的分析与自己有异，而且言之凿凿，听起来“非常有道理”，于是你害怕起来，便于情绪冲动之下改变交易地位，变空头为多头，或变多头为空头。结果走错了方向，不盈反亏，最终后悔不已。

2. 用免费模拟账户“练手”

对每一个炒外汇初学者来说，模拟账户都是一个最好的实践工具。所谓模拟账户，是一个虚拟的网上外汇交易账户，其实就是账户中的资金是模拟的，除此之外，模拟账户的货币报价、图表汇评等都与真实汇市即时同步，这可能使你免费得到炒外汇的实战经验，所以初学者不妨利用这个模拟账户练练手。

在仿真模拟交易的时候，初学者要调整自己的心态，越快进入状态越好。在仿真交易过程中，要注意总结和学习。

初学者可以尝试着每日详细记录决定交易的因素。当时是否有什么事件消息或是其他原因让你做了交易决定，做了交易后再加以分析并记录盈亏结果。

如果是个获利的交易结果，表示分析正确，当相似或同样的因素再次出现时，所做的交易记录将有助于迅速做出正确的交易决定；当然，亏损的交易记录可以让初学者以后不再犯同样的错误。

刚开始的时候，你肯定无法将所有交易经验全部记在脑海中，所以这个时候做好记录有助于提升你的交易技巧及找出错误出在什么地方。

同时，炒外汇初学者要耐心学习，循序渐进，勿急于开设真实的交易账户。不要与其他人比较，因为每个人所需的学习时间不同，获得的心得亦不同。在仿真交易学习过程中，主要目标是发展出个人的操作策略与形态，当你的获利概率日益提高，每月获利额逐渐提升时，表示你可开设真实的交易账户炒外汇了。

此外，有一点应该注意，初学者进行仿真交易最好避开汇价变动频繁时段，如亚洲时区星期一早上，因为此时是纽约时间星期天晚上，此时汇价较无脉络可循，难以预测；另一个是纽约时间星期五，尤其是早上时间，此时市场中较多人欲处理这个星期的仓位，使得汇价较可能有出乎意料的变动，而且如在美国经济形势不确定的情形下，会有较多卖出美元的情形。如果仿真初期初学者在这个时段进行交易，会影响到他的交易信心。

3. 利用股票交易技巧

我们都知道，投资和投机的最大不同是投机基本看运气，而投资，运气只是其中一个变量，除了运气，主要还得看个人的具体操作以及应对策略。如果你在炒外汇中完全寄希望于运气，那就等同于赌博了，结果肯定是十赌九输。因此，在炒外汇中，有些股票交易的规律，我们也是必须遵守的。

（1）设定止损位和见好就收

如果在炒外汇过程中出现了亏损的情形，此时最好不要急于开立反向的新仓位欲图翻身，这样不但于事无补，更有甚者会雪上加霜。

如果你认为且确信原来的预测及决定完全错误，此时你可以选择尽快了结亏损的仓位再开一个反向的新仓位。不要跟市场变化玩猜一猜的游戏，即使你因此错失了交易机会，总比产生亏损要好得多。

当你的获利交易笔数比亏损笔数多，而且你的账户总额在增加的时候，表明你已经掌握了一定的炒外汇技巧。但当你 10 笔交易一共亏了 1000 元，但就是一笔交易赚了 2000 元，你的总额还是多了 1000 元的时候，此时很有可能就是运气在帮你了，这个时候应该谨慎操作，适时调整策略，以规避风险为上。切不可赌博式地去重复满仓平头，如果真是那样，则真会应了十赌九输那句老话了。

同样，有了一定程度的获利之后也要及时平仓，不要太过于贪心，贪得无厌终将一无所获。到了自己满意的获利高度之后，即便还有一定的获利空间，也可以放手了，毕竟一个人不能把全世界的钱都赚走。

（2）保持良好心态，并学会冷静反思

或许很多人都不知道，大名鼎鼎的索罗斯在外汇上也吃过惨淡的败仗。在《索罗斯投资外汇得与失》中有这样一段描述：“和在英镑上的决策完全相同，1994 年，我们在日元上犯了错误，但是我们的损失程度被过度夸大了，外面传说我们损失 10 亿美元，这个数字不对，我们在 1994 年 2 月损失 6 亿美元，可是在当年年底就补赚了回来。”

在外汇或其他投资市场上，就算你的本事再大，也无法做永远的常胜将军。高手中的高手索罗斯也一样犯了错。既然错误及损失的产生是在所难免的，那么，当做出错误的决策后，最重要的是不要责备自己，而是要从中汲取教训，避免再犯同样的错误。你越快学会接受损失，汲取教训，获利的日子越快来临。

在这个过程中，你必须要学会控制情绪。其实，个人投资者最大的敌人往往是自己的情绪，贪婪、急躁、失控、没有防备心、过度自我等，都很容易让你忽略市场走势而导致错误的交易决定。不要因为有所获利就得意忘形，也不用因为出现了亏损就想撞墙，交易中，个人情绪越少，你越能看清市场的情况并做出正确的决定。

要以冷静的心态面对得失，要了解交易人不是从获利中学习，而是从损失中成长，当了解每一次损失的原因时，即表示你又向获利迈进一步，因为你已找到正确的方向。

五、其他投资方式

在中国市场中，近年来投资机会越来越多。有段时间铅的价格猛涨，导致电动机蓄电池价高得离奇，甚至连废旧电池也是动辄四五十元。但是好景不长，当收废品的乡间小贩们也知道收藏这种东西可以卖个好价钱的时候，突然间传来铅价陡降的消息。最近银价也被一些投资者看好，就连民国时候的银圆也由二三十元飞升到二百块钱左右。虽然，金银这些贵金属本身有收藏价值，但是这样离奇的价格不知道能够维持多久。中国民间有“乱世藏金，盛世藏玉”的说法，这两年玉的价格也快速上涨。

投资方式很多，如何选择赚钱的投资行业？如何找到适合自己的投资方式呢？首先要了解投资的行业主要有哪些。

上海证券交易所把上市公司分为五类：工业、商业、地产业、公用事业、综合类。深圳证券交易所分为六类，多一个金融业。

首先你要明确的是，各行都有各行的难处，没有哪一个是稳赚不赔的，不要有一劳永逸的观念。受经济周期的影响，一般产业大致可分为四类。

第一类是计算机行业，主要依靠技术进步，经济衰退并不影响它们的发展。形势不好的时候，可以买这些股票保值。

第二类就是诸如彩电、冰箱等家电产品，它们的变化是随着宏观经济来变化的。全国形势好时，他们就好销；形势不好时就积压。

第三类就是像日用品、食品一类的，不管经济过热还是过冷，销量都较稳定。因为不管怎样人总是要吃饭，所以说，买这类股票和存款差不多同样稳了。

还有一类就是很没规律的，有时稳定增长，有时又会随经济的起伏而变化。比如说一家公司到快走下坡路时，又找到一个新的利润增长点，通过技术力量，起死回生。这种股票投资一旦看准，会发大财的，只是会很不好预测，真正是需要眼力和运气的。

你觉得在经济衰退、消费低迷的时期，自己该选择哪一种类型的？

也许你现在已经明白了该投资生活必需品，那么具体又该怎么操作呢？

哪个超市的商品价格便宜、生意好，哪种酸奶更受欢迎，哪家银行服务更好，等等，这些都是你自己可以感受到的，不需要请教专家。学会用投资者的眼光观察生活，你会发现日常生活中就有非常好的机会，还不用花成本。我们日常接触的企业属于各种不同的行业，有食品饮料行业、房地产行业、金融行业，等等，这么多行业，要学会用简单的方法筛选一下，其实主要分为周期行业和非周期行业，垄断行业和竞争性行业，对大众投资来说，要重点关注那些优势行业，即稳定增长，不必要太担心经济周期波动的行业，在这些行业里选股票就如同在游泳池里游泳，风险自然小得多，长期投资收益最大，操心最少。

品牌白酒、品牌中药、品牌旅游区，机场、港口、高速公路、铁路等等，这些行业要么是垄断的，要么是受保护的，总之就是有保障的。买航空公司的股票不如买机场的股票，所有航空公司的飞机总得找地方落；买汽车公司的股票不如买高速公路的股票，又稳定又挣钱。因为你肯定没听说高速公路收费像汽车一样不断降价的；买航运公司的股票不如买港口的股票，航运公司买几条船很正常，但没听说随便就建一个海港的；买电脑制造业的股票不如买芯片制造商的股票；买家电生产企业的股票还不如买家电连锁店的股票，因为终端销售都被几大巨头把持着；钱存在中国银行不如买中国银行的股票，存款利率不断下调但银行总是赢利的……锁定那些有垄断优势和被保护的行业，一般而言你不会错。

总之，根据需求价格弹性曲线，不管任何时候，投资者都应当避开高度竞争大打价格战的行业，锁定那些需求弹性小的行业，进行长期投资。在经济衰退时期，尤其要这样做。

1. 期货是高投入高风险的投资方式

期货是指交易双方不必在买卖发生的初期就交收实货，而是共同约定在未来的某一时间交收实货。为什么要这样呢？因为卖家判断他手中的商品在某个时候价格会达到最高，于是选择在那个时候卖出，获得最大利润。

期货赚钱的方法简单来说就是赚取买卖的差价。

例如，小林在小麦 2000 元每吨时，估计麦价要下跌，于是他在期货市场上与买家签订了一份合约，约定在半年内，小林可以随时卖给买家 10 吨标准小麦，价格是 2000 元每吨。五个月后，果然不出小林的预料，小麦价格跌到 1600 元每吨，小林估计跌得差不多了，马上以 1600 元的价格买了10吨小麦，转手按照契约以2000元每吨的价格卖给买家，这样就赚了4000元，原先缴纳的保证金也返还了，小林就这样获利平仓了。

在上面的例子里，小林手上没有小麦。但他先与买家签订了买卖合约，而买家为什么要与他签订合约呢？因为买家认为小麦会涨价。如果半年内小麦价格没有下跌，反而涨到2400元每吨的话，那小林就必须被迫高价买10吨小麦交货，他就会亏损，买家就会赚了4000元。

目前个人投资者购买的期货按现行的制度是不能交割实物的，只能是做投机，是一种投资的手段。期货市场是一个形成价格的市场，供求关系的瞬息万变都会反映到价格变动之中，期货市场投入的原材料是信息，产出的产品是价格。对于未来的价格走势，在任何时候都会存在着不同的看法，这和现货交易、股票交易是一样的。有人看涨就会买入，有人看跌就会卖出，最后预测正确与否市场会给出答案，预测正确者获利，反之亏损。期货是一把双刃剑，可以让你一夜暴富，也可以使你瞬间破产。做期货同样需要超强的心理承受力。

江浙一带的民营企业家谢先生，在某期货投资顾问的介绍下，于2007年4月进入期货市场，投资100万元，投资顾问推荐他买入正处于良好上升势头的橡胶。初期有所获利，但随后橡胶价格开始下跌。投资顾问坚定看好橡胶市场，建议谢先生继续加仓买入。满仓之后价格仍在下跌，投资顾问建议追加资金，越跌越买，谢先生照做了。

到了2007年7月，谢先生累计投入的资金已经超过了1000万元，但账面上剩余的资金只有不到400万元。好在橡胶价格止住了跌势，开始回升。

到了2008年2月，账面资金已经到了1200余万元。平仓出场后获利

200余万元。

就是这一次的操作让谢先生尝到了逢低加死码的甜头，认为在有充足资金准备的条件下，这是个不错的操作方法。2008年7月，沪锌价格跌到了上市以来的最低价15000元以下。他认为这是个不错的投资机会，因为据说锌的生产成本就在这一带，于是开始越跌越买。到2008年9月，锌价跌至14000元左右，他认为更值得买了，于是共计投入资金2000万元左右买入锌合约。

不料，2008年国庆长假过后，由于席卷全球的金融风暴的影响，所有商品价格直线暴跌，很多品种出现多次三板强平。好在锌的第三个停板并没有封死，在经纪公司的配合下，谢先生在即将穿仓的危险状态下及时平仓，但所投入的2000万元资金仅剩余4万元。谢先生只能黯然离开了期货市场。

目前我国主要的期货交易所有大连商品交易所、郑州商品交易所、上海期货交易所、中国金融期货交易所。其中大连商品交易所主要标物为：黄豆、豆粕、豆油、玉米。郑州商品交易所主要标物为：强筋小麦、硬冬小麦、棉花、白糖。上海期货交易所的标物主要为：矿物能源商品，如铜、铝、天然橡胶、燃料油。中国金融期货交易所主要标物为：金融衍生品，如证券、股票、保险等。

2. 白金投资技巧

白金（铂）作为一种具有投资价值的金属，在黄金、白银等贵金属之间属后来居上者。白金既可以作为一种投资金属，也可以作为一种储值金属，它的工业用途和稀有决定了它成为人们关注的热点。

比黄金更明显的是白金的工业需求量大。世界局势的动荡，通货膨胀带来的恐慌，美元升降等因素对白金的价格有很大的影响。

由于种种因素的影响，投资白金与投资黄金有很大的不同，所以投资者不能以等价的眼光来看待这兄弟俩，必须掌握以下常识：

（1）白金比黄金更稀有

白金的年产量还不到黄金产量的五分之一。所以，也可以这么比喻，流通量大的黄金好比股票市场中的蓝筹股，但白金却是成交量大的高价股。当你明白这一因素时，你就可以想象得到，遇到供求有显著变化时，白金价格会有很大的起伏变化。

（2）白金的工业用途比黄金多

日、美两国由于是工业大国，占去了全球白金工业耗量的八成。在美国，白金被视为“战略性物资”。如此一来，工业需求的变化，对白金的影响远远大于黄金。

（3）白金“通常”比黄金更值钱

20世纪80年代初以来，由于美、日等国的工业需求放缓，白金的价格一度下跌，低于黄金，但这种情况并不常见。

白金和黄金的价格走势常均衡发展。往往一种价格先上升，另一种也会跟着上升，这是投资者应该密切关注的问题。

1980年初，白金价格曾随着黄金价格的飞升而达到历史性的高峰，每盎司比黄金贵出400美元。

白金由于量小，流通量常常没有保障。

白金的投资渠道相对于黄金较狭窄。黄金有金块、金条、金饰品、金艺术品，而白金，目前只有金饰品。所以，投资者的选择余地较小，这是投资者应该注意的问题。除此之外，投资者还应该注意以下几个问题：

• 白金投资所需资金量要高于黄金。

• 投资白金和投资其他贵金属一样，不能带来经常性的收益。它的唯一赚钱机会是市价升值。

• 白金投资历史较短，只是近二三十年的事。白金能否抵抗通货膨胀没有经过历史检验，投资者应该有心理准备。

• 白金的工业用途广泛，又属稀有金属，投资者如想投资白金，可作为长线投资纳入计划。

• 白金不但稀有，而且采炼又极困难，成本极高，再加上它的生产国有限，所以投资者不用担心白金会供过于求。

• 由于白金和黄金的价格相互影响，所以，投资者可以密切关注黄金的走势，当黄金大升而白金落后时应立刻购进白金做短线投机。

• 投资者认为白金相对于黄金价位偏低时，可以先行购入白金期货合约，然后抛出相应数量的黄金同期期货合约，赚取两者的差价。

3. 投资房地产，从属于自己的第一套房开始

小冰是一个白领，她通过向家里借钱然后加上银行贷款，买了一套房子。因为她是单身，所以一个人住绰绰有余，而她每个月要还 3000 元左右的房贷，于是她想到要和人同住，将房子出租，这样她一个月收取租金大约 3000 元，房贷的问题解决了。

两年后，小冰为了结婚，将这个房子做了抵押，向银行又借贷了一笔钱，买了个更大的房子。由于有房子做抵押，她每个月所交的贷款就更少了。而她将第一套房子装修一下，将房租又提了一些，再用第一套房子的房租来还两套房子每个月的房贷。基本上她自己要承担的就很少，却很快有了两套房子。

看了之后，大家都会发现，小冰的想法真的是很精明，自己能拥有两套房子，还有什么方法比这更好？很多人就是通过这种方法一步步拥有了更多的房产。

如果有足够的钱，有精明的头脑，干吗不试试投资房地产？房屋是一种必需品，也是一种耐用品。只要没什么大问题，你的资金都能够得到保障。只要你眼光独到，资金充裕，就没什么可担心的。投资房产，最关键就是把握好时机，只要时机妥当，你就能有较高的收益。

现在适合投资房产吗？这是很多投资者都会问的问题，到底适不适合要看土地资源和房屋的需求情况。随着人口的增长，城市化进程的加快，大量农村人口拥入城市，房屋的需求整体来看是供不应求。

除此之外，你还要考虑以下一些因素：

（1）社会经济因素

投资房产，即使通货膨胀，房价也水涨船高，肯定不会让财富贬值，相反还可能有较高的利润空间。现代人已经不像过去那样一大家子住在一起，而是追求夫妻的二人世界，尤其是现今处于适婚年龄的 90 后，对房子的需求更多，要求也更高。从这个角度看，投资房产是个不错的选择。

（2）行政因素

现在我国关于土地的相关法规法律很多，政府部门基于这些法规对土地进行的规划和管制，对房子的价格有很大影响。如果政府对房价采取抑制的措施或者有什么限制规定，那你投资房产就有风险了。所以在投资之前，应多看看政府的相关规定，多思考一下行政因素。

（3）个人因素

投资房产，你自己的生活会受到怎样的影响？你能承受吗？别把自己想要拿来致富的“金鸡蛋”变成了自己的负担。如果你的资金准备还不是很充分，你的经济情况并不那么乐观，奉劝你还是不要轻举妄动——房产牵扯的可不是个小数目。

由此可见，是否适合投资房地产，也要根据各地各人情况来决定。

中国经济网在 2015 年 5 月发布一条消息：近 1400 万的中国中产阶级在过去一年中，将银行投资产品、股票和基金列为最受青睐的三种投资产品，房地产投资不再受宠。《福布斯》中文版联合宜信财富发布《2015 中国大众富裕阶层财富白皮书》。该白皮书的研究对象是个人可投资资产在 60 万元至 600 万元之间（10 万美元至 100 万美元）的中产阶级群体。这一大众富裕阶层在 2014 年达到 1388 万人，同比增长 15.9%。其私人可投资资产总额约 106.2 万亿元，年增长 12.8%，主要由股票、基金、债券等金融性资产增长所带动。

在中产阶级的投资偏好中，银行投资产品因其低风险而高于储蓄收益等特点而稳居排行榜第一。而作为投资领域中坚力量的大众富裕阶层，在 2014 年下半年开始的这波大牛市中显然不会错过机会，其对股票的青睐度由去年的 37.6% 猛增到今年的 62.1%；基金由去年的 36.9% 提升到今年的 53.8%。截至到 2014 年底，沪深两市总市值达 37.25 万亿，其中沪市股票总市值为24.4万亿，同比增加61.4%；深市总市值为12.86万亿，同比增加46.25%。

股市回暖，自身占用资金量大且房地产市场的持续低迷，使得房地产投资的青睐度大幅下降13.6个百分点，由往年的排行第二滑至第四。其中，30.7%的大众富裕阶层仍表示会逐步撤回资金，58.1%表示维持原有的投资但不再增加，房地产投资明显降温。

2015年5月9日《华夏时报》报道：根据北京市住建委官网数据统计，部分早在2013年就多次开盘的项目，两年来去化速度缓慢，去化率甚至不足1/3。以亦庄的国锐金嵿项目为例，该项目在2013年和2014年期间曾4次开盘，包括住宅、商业以及办公综合体，不过，北京市住建委网站上的项目交易信息显示，该项目1300套可售房源中，截至目前签约不足100套。也就是说，签约率仅为1/10左右。

如果你相信，10年前上万元的手机、电脑、摩托车现在可以轻松买到，我们就有理由相信：10年后，房子将不是问题。

先租房吧，不要用最具想象力的黄金20年(25岁～45岁)给银行、政府打工。年轻时就买房，无疑是透支了短暂的青春和对未来长久的想象力，有很多人还透支了父母的晚年。

4. 投资实业，中长期投资的方式

提到投资，很多人想的是买点股票、基金什么的，或者买点黄金。可是说来说去，看准一个项目，投资一点实业来得更实在一点，同时，这也是真正产生财富的渠道。

投资实业，是为了获取利益，以货币购买生产要素，从而将货币收入转化为产业资本，形成固定资产、流动资产和无形资产的经济活动，就是投资者将钱投到实体产业获利的一种投资方式。

其实目前我们也有很多人在采用这种投资方式：如除了工作收入之外，有的家庭通过入股形式开店，获取被动收入；有的家庭通过注资运输，赢得投资收益；有的家庭通过入股形式投资农业项目。投资实业回报慢，回报率也不算高；投资股票和基金有时回报很快，但风险大。投资要挑选自己熟悉的行业做，要挑选信得过的朋友合伙，当然自己有实力自己做更好。

实业投资是一种比较务实、理性、可操作的方式，对于大多数未进行过实业投资的人士，可以考虑一些专家的建议，选定一两个实业项目，以入股的形式开始创业历程。此项目可以是新立项的，也可以是在运行的，其收益一般远远高于同期银行储蓄，而且是中短期的投资(3 ～ 6 年）。这样的项目在我们周围有很多，林业、养殖、运输、加盟连锁、中小型加工、创新服务等等，都可以考虑作为投资的对象。

不过一般投资实业需要的资金量都比较大，可以选择入股注资的方式对企业进行投资。这样的话，先要通过直接考察企业，了解企业的销售、财务情况再做出投资决策。方式也有两种：一种是针对上市公司的股票投资，通过购买企业的股票或股权的方式，对公司实施股东权利；另一种是过渡性投资，主要是通过转换债或项目融资债等方式，对经营状况良好、准备进行股份制改造或有可能实施股份制改造的企业进行资金注入，从资金和资本运营两方面来支持企业的发展。

投资一个企业通常要考虑以下几个方面。首先是管理团队的素质。一个团队的好坏将决定企业最终的成败。其次是产品的市场潜力，如果产品的市场潜力巨大，那么即使目前尚未带来切实的赢利，也会被基金所看好，也是可以作为投资的选择。只有具有独特性的产品才具有竞争力与未来的发展潜力。同时要关注的是预期收益率和目标市场极高的成长率，同时合同保护性条款以及是否易于退出等因素都是要考虑的。

不过投资实业也有风险。有的传统行业进入增长期，周期短，产出快，效益高，如运输业；有的传统行业则进入衰退中期或衰退末期，周期长，产出慢，效益高，如养猪业。新兴的行业尽管前景看好，但市场导入期需要时间、耐心。因此，要准备一个亏损期和亏损额度。这类行业什么时机进入，怎样进入，要做好足够的市场调查再做出决定。

投资风险篇

一、投资不是比谁跑得快

投资的起点是活着，也就是保住本金。

有些人一看到该理念就哑然失笑，那是因为他还不明白本金二字所代表的含义。

对一个投资人来说，本金首先是他的“可用兵力”。他要靠着这有限的兵力，在投资市场上攻城略地，建立自己的尊严和财富王国。没有了兵力，投资者即便是拥有再高超的投资才华、再高远的志向，也没有意义，更可怕的是，这些志向、才华反而会成为一种对投资人的巨大折磨，使其欲过一种平常人的生活也不可得。

对许多人来说，没有投资的本金就不用投资了，生活也会照常幸福地进行。但对某些人来说，投资的本金就是他的生命。比如韩信，在没有被刘邦拜为大将，成为数十万汉军的统帅之前，他的高远志向、超乎常人的军事才能带给他的只有无尽的屈辱和难堪。

本金还与投资者个人的心理状态密切相关。投资活动一旦开始，盈亏的出现就像太阳东升西落一样平常，但投资者的心却随本金的波动而上下起伏，产生一波波的涟漪。以亏损为例，对一个普通人来说，若本金亏掉5%，他的心里已经开始有点忐忑不安了；若亏掉10%，这种不安可能已经发展到难受的地步，但还能忍受，还能控制住自己，在分析判断现实时少受影响；若亏掉20%，心中可能就要产生巨大的波动，甚至对自己的能力产生怀疑，对自己的信心大减，进而影响到决策的客观；若亏掉30%，心中就彻底急了，种种不良情绪像吹气球一样迅速放大；若亏掉40%以上，可能就会出现“豁出去了”或“算了，彻底不管了，就当遗产留给儿子吧”的想法。

正因为本金是如此重要，“保住本金”就成为风险控制、资金管理的第一要义，这个理念投资者需要牢记。什么时候忘记了这个理念，开始心存侥幸，妄图通过一两次冒险来暴富，他离破产就不远了。

巴菲特为什么能成为伟大的投资大师？不是因为他在牛市中赚得最多，而是因为，每轮熊市他的亏损在所有的投资人中永远是最小的，运气好时还有盈利。巴菲特从来对那些在牛市中洋洋得意的投资人不以为然，把他们比作光着屁股裸泳者，大潮退去，定会羞愧不已。巴菲特说：“当大多数人赚钱时，我们也赚，而且赚的程度差不多；而当大多数人输钱时，我们也输，但是输得很少。”实际上，要想在投资市场上长久地活着，捷径就是做一个真正的价值投资，不是一夜暴富，不是比谁跑得更快，而是应该像乌龟一样，跑得慢，但活得足够长，用时间累积财富。

1. 个人投资的十条策略

也许你已经与市场数次交手，现在开始明白，投资并不像钓鱼那么简单。你已经认识到，在投资的时候，如果一笔生意听起来好得令人难以置信，那它就真的不值得你信。如果你曾经是一名失败的投资者，也没有什么值得可悲的，因为世界上还有很多人同你一样。关键的一点，是你必须面对现实，重新调整你的投资计划，否则现实将让你再次尝到失败的苦果。

以下是个人投资的十条策略，可帮助你保持清醒的头脑，做出正确的投资判断：

• 投资不是十几个人的足球游戏，而是你一个人的游戏，你必须自己做出判断与抉择。想投资，那就自己好好地研究所要进行的交易。

• 不要期望过高。期望越高，失望也越高。当然，你期望自己投入的本金每天能翻一倍，作为梦想是无可厚非的。但你要清醒地认识到，这是一个非常不现实的梦想。记住，如果年平均回报率能达到10%，就是非常成功的投资了。

• 不要被虚涨的股票所迷惑。切记，公司的股票同公司是有区别的，有时候股票只是一家公司不真实的影子而已。所以应该多向经纪人询问股票的安全性。

• 不要低估风险。“风险”不仅仅是两个字，它值得每一个投资者投入足够的重视。一个重要的原则就是，在选择一项投资之前，不要先问“我能赚多少”，而要先问“我最多能亏多少”。

• 在不知道自己该买哪一只股票或者为什么要买这只股票的时候，坚决不要买，这一点尤其重要，先把事情搞懂再做决定。

• 资金才是硬道理。当你把目光投向一些目前正在走向衰败的公司的时候，这点尤其重要。

• 不要轻信债务大于资本的公司。有些公司通过发行股票或借贷来支付股东红利，但是他们最终会陷入困境。

• 永远不要把鸡蛋放在一个篮子里。除非你有亏不完的钱，否则就要牢记一句话：不要把所有的资金都放在一家或两家公司上，也不要相信那种只关注一个行业的投资公司。虽然把宝押在一个地方可能会带来巨大的收入，但同样也会造成巨大的亏损。

• 不要忘记，除了盈利以外，没有任何其他标准可以用来衡量一个公司的好坏。无论分析专家和公司怎样说，记住这条规则，盈利就是盈利，这是唯一的标准。

• 如果你对一只股票产生了怀疑，不要再坚持，及早放弃。

2. 投资成本和机会成本

“成本”这个词，在生活中并不陌生，只要进行商品经济交易活动，就会涉及它。简而言之，“成本”就是投入、消耗或是你所付出的总代价。比如说一个网民上网一小时的成本是什么？一小时的电费、网费以及一小时的时间就是其所投入的成本。

“天底下没有免费的午餐”，要投资就必须付出一定的金钱，亦即所谓的“成本”。当你对某个投资产品情有独钟时，你的挣钱欲望就会推使你狠下心来投资，而这个“狠下心”所投资的多少，就要看你的财政和家庭状况。

就投资而言，你投入的多少并不能决定你投资收益的多少，因为投资存在风险，是一场变幻无穷的游戏。然而，至少你在玩这个游戏前，量力而行的成本投入是少不了的。

成本容易理解，比较难以理解的是机会成本。

美国诗人罗伯特·弗罗斯特有一首著名的诗是这样感慨人生道路选择的："也许多少年后在某个地方，我将轻声叹息把往事回顾，一片树林里分出了两条道路，而我选择了人迹更少的一条，从此决定了我人生的道路。"

每个人的人生道路如此，其实每一次投资，也是如此。换句话说，你得到一个机会，你将失去另外一个机会，这样"机会成本"就产生了。

所谓"机会成本"，就是指为了得到某种东西而所要放弃其他东西的最大价值。这跟"鱼和熊掌两者不可兼得"是一样的道理。

例如，现在有甲、乙、丙三份工作摆在你面前，把其他条件放在一边，我们只以薪资来做选择条件。甲月薪为3000元，乙月薪为10000元，丙月薪5000元。选择了甲工作，那么你就没有时间也没有精力去做乙工作，这时你的机会成本和乙对比是10000元，和丙对比是5000元。反之，如果你选择乙工作，那么机会成本和甲对比是3000元，和丙对比就是5000元。一般我们会这样评价：选择甲工作的机会成本最高是10000元，意思也就是相对于乙、丙工作来说最划不来。同理可以得知，选择乙工作机会成本最高是5000元，选择丙工作机会成本最高是10000元。大家都知道当然选择乙工作，因为在我们的选择机会组合里面，乙工作的机会成本最低，这就是我们选择它的经济学理论依据。

这就不难理解了，机会成本并不是指实际的货币支出，它只是在选择资源用途时所产生的观念上的成本，它只是一个观念上的损失，是本来有可能获利的机会，并不是实际的"成本"，而是一种"可能收益"。

这种“机会成本”虽然是观念上的，却也存在着经济意义，它极大地影响着你我的投资决定、广大生产厂家的经济决策。

你所选择的机会成本越低，你所投资的价值就越大。

虽然说可能做什么都会获利，但是作为一个精明的投资者，没理由放着明亮的康庄大道不走，而选择走泥泞小道。在现有的条件下，就算没有免费午餐，也应该选择性价比更高的午餐。

当然，做一件事，喜欢与否才是最该考虑的机会成本。投入一个不喜欢的行业当中唯利是图，机会成本才是最大的，有些东西不一定能用钱来衡量。

3. 投资与投机的区别

摩洛哥渔业资源极为丰富，沙丁鱼的产量十分可观。摩洛哥商人为了推销沙丁鱼，就编造了一个谣言，说随着环境恶化，沙丁鱼的数量已经日趋减少，沙丁鱼的价格很快就要大幅攀升，然后极尽渲染吹嘘，向异国商贩高价兜售一批沙丁鱼罐头。异国商贩为了赚取更高的利润，又对其他商贩说，这种沙丁鱼是一种罕见的珍稀品种，然后以更高的价格将其兜售一空。如此一来，沙丁鱼罐头的价格不断上涨，参与交易的每一个商贩都赚取了不少利润。这批沙丁鱼罐头从摩洛哥出发，也几乎走遍了大半个地球，而它们的身价早已高得吓人，以至于人们都已忘记罐头里面不过就是普通的沙丁鱼。

最终，这批沙丁鱼罐头被一名富商以天价购得，当地报纸、电视台还对此事大张旗鼓地做了宣传。几天后，富商在自己的豪宅中举办了一个规模宏大的宴会，邀请各界名流前来品尝“神奇”的沙丁鱼罐头。

富商在众人羡慕的眼光中打开了一个罐头，用银勺小心翼翼地舀了一小块沙丁鱼放入口中，一股恶臭让他皱紧了眉头。原来，这批“神奇”的沙丁鱼罐头经过几年时间，早就变质发臭了。

富商在所有人面前丢尽了脸，他勃然大怒，找到罐头的卖家，愤怒地指责对方出售假货，但卖家却耸耸肩膀，不以为然地回答道：“谁让你打开的？你还没搞懂吧，这些沙丁鱼不是用来吃的，它们只是用来交易的。”

在上面的故事中，我们可以看到参与交易的商贩以及那位富商都并不了解自己交易的沙丁鱼罐头究竟有多少价值，只是跟风市场趋势进行操作，而他们手中的货品却早已不值一文，可以想象最终他们将面临怎样的结局。

如果把购买沙丁鱼看成是一种投资行为，那么故事中的这些人却只能算是投机者，他们不会对自己的投资行为做详尽的分析，在市场严重高估的情况下也没有看到风险，盲目交易，最终只会成为市场暴跌的牺牲品。

由此可见，在投资问题上，投机心态是非常危险的，为此，人们应当时刻警惕，让自己的投资行为回归理性，让自己成为一个真正的投资者，而不是盲目的投机者。

有人说：“投资就是一次成功的投机，而投机就是一次失败的投资。”似乎投机与投资的界限并不非常分明，但事实上，投资与投机是两个不能混淆的概念。在投资的问题上，持有投资者的心态，还是投机者的心态，也将导致两种截然不同的结果。

究竟怎样才算是投资呢？每个人站在不同的角度，肯定会有不同的理解。被誉为“证券之父”的格雷厄姆给投资下了这样的定义：“投资是指根据详尽的分析，本金安全和有满意回报做保证的操作。不符合这一标准的操作就是投机。”

这个定义蕴含着三个彼此关联、密不可分的重要因素：

首先，投资必须是建立在“详尽的分析”基础之上。

其次，投资应该具有“安全性”的保障。

最后，投资的结果是必须能够得到“满意的回报”。

可见，“投资”与“投机”之间的最基本的区别或核心，就在于能否获得安全性的收入。这种安全的保障不能建之于虚假的市场信息、毫无根据的臆断、内部小道消息的传播甚或十足的赌性之上；“投资”的安全性必须取决于投资对象是否具备真正的内在价值或存在一个价值变化的空间，而要确切地把握这一关键之处或达到“边际安全”，只有通过利用客观的标准对所能够掌握的信息进行详尽分析。

虽然说不管“白猫”“黑猫”，捉到老鼠就是好猫，但是，任何东西都要把握“度”的问题。虽然两者都有风险，但总体来说，投资要比投机靠谱得多，稳定得多。大多数人缺乏必要的技术支持和时间、精力的投入，风险往往超出承受范围，在这种条件下的投机活动更像赌博，所以应该把投资当作我们生活中的“正餐”，而把投机当作饭后“零食”。

二、投资不是赌博，不要做押宝的事情

大部分的投资者，包括创业者在内，都喜欢高估他们关于投资的知识和能力。

浙江的万青从20世纪90年代初开办制衣厂，从一个乡镇小厂发展到工人过百的中型厂，一直克勤克俭，赚到的钱都放在扩充业务、添置新机器上。由于20世纪90年代末制衣业迅速发展，有同业向他提出收购建议，他一口拒绝，认为工厂是他的宝贝。随着制衣厂逐年发展，市场竞争日益激烈，2003年起万青的企业发展到了瓶颈。此时，万青将目光转向了股市。于是在同乡的“指点”下，万青也想跟风“炒”两手，他把当年赚的近百万元全投入股市，结果损失惨重。

不少创业者都有一种偏执，认为生意从无到有倾注了个人大量心血及精力，不肯出让。其实办企业、做生意的目的只有一个，就是赚钱。其他目的都是次要的。赚钱是纲，其余是目，纲举目张。在公司高峰时期，公司价值最大，若有投资者看上了，卖出部分股权套现也是经商之道。很多

首富每次“变卖”家当——集资或出让业务，都是在经济高峰或该行业巅峰时。赚钱是理性行为，不能受个人感情支配。

同时，万青犯下的另一个错误是“赌性”。做生意已是高危的投资行为，这种高风险投资活动成功的话，企业价值可以一年翻一番，这是创业最诱人之处。但这种高风险资产已占了创业者大部分身家，其余投资活动便应以保障、保本、安全为目的。做生意总有变数，在赚钱之时，应把部分利润锁定，从公司财产转为个人财产。这笔“化公为私”的财产，是提供家人安定生活的养分，没有必要冒险。

通过投资买股票、基金等，赚钱不难，难的是长期赚钱。收益要追求，必须懂得控制风险。有人说：我赚了钱就出来。有人说：我不贪，赚一点我就走。但是，因为没有投资经验，实际操作很难。控制风险最好的方法就是分散投资，任何时候都要控制自己的风险产品比例。

不要让短期收益打乱自己的投资规划，欲速则不达。另外，对于没有投资经验的投资者来说一定要选择基金定投的投资方式，积少成多，汇聚财富，享受资本市场带给我们的收益。

有大部分在事业上闯荡了几年的年轻白领有了一定的积蓄，他们梦想着财富能在短时期内成倍，甚至成几何级数般蹿升。在选择好投资产品后，喜欢孤注一掷，生怕自己赶不到好的时机。多数人很少从投资的方法和模式上去检查，而是沉迷于发现最好的股票、最好的基金。买入以后，患得患失，涨起来就欢呼雀跃，不知道将未实现的资本转化为已经实现的财富；一旦下跌，就不管不问，想当然地以为一定会涨起来。

在投资的时候，不要做押宝的事情，记住，你是在投资，不是在赌博。

财富来之不易，不要因为方法、理念的缺失而让它付诸东流，更不要一次性全部投入，所有的投资都是有风险的，定期定额，分批买入就是很好的方法。

1. 投资是经过“审慎计算”的理性行为

美国著名经济学家萨缪尔森是麻省理工学院的教授，有一次，他与一位同事掷硬币打赌，若出现的是他要的一面，他就赢得1000美元；若不是他要的那面，他就要付给那位同事2000美元。

这么听起来，这个打赌似乎很有利于萨缪尔森的同事。因为，倘若同事出资1000美元的话，就有一半的可能性赢得2000美元，不过也有一半的可能性输掉1000美元，可是其真实的预期收益却是500美元，也就是$50\% \times 2000+50\% \times (-1000)=500$。

不过，这位同事拒绝了：“我不会跟你打赌，因为我认为1000美元的损失比2000美元的收益对我而言重要得多。可要是扔100次的话，我同意。”也就是说，他同事的观点可以更为准确地表述为：一次很难出现我想要的平均定律的结果，可是100次就行。

曾有人做过一个标准的掷硬币实验，结果显示，掷10次、100次与1000次所得到正面的概率都约为50%，不过掷1000次所得到正面的概率要比扔10次更加接近50%，这就是所谓的平均定律。即重复多次这种相互独立而且互不相关(下次的结果和上次的结果无关)的实验，同事的风险就被抑制住了，他就能从这种“平均定律”中稳定地受益。

事实上，同事更为聪明的回答该是：“我们来赌1000次，每次你以2美元来赌我的1美元。”此时，他的资产组合风险便被固定了，并且其初始资金需要得很少，顶多也就500美元（假设他在前500次都很倒霉，当然这是不现实的）。那么，他就相当于是把500美元分散到了1000个相同并且互相独立的赌次中了，该资产组合的风险就会近似为零。

由此，我们看到了投资的理性。这正是投资和赌博的不同之处。

来看两个故事：

A君属于理性投资者。他把收入大概分为几块：储蓄、债券、生活所需及投资股票，并且只把闲钱拿来投资股票，他喜欢“长线是金”的格言。1995年，第一只重仓买进的股票深发展给了他一个下马威：6元多买进，几乎就是最高价，此后就下跌，在5元多被套了很长一段时间。不过，他一直坚持持有，终于熬过被套期，一直涨到30元，他才把这只股票出手。

他理性地分配了收入，这样即使在偶然被套牢时也能坚持住而不影响正常的生活。对于认为有投资价值的股票才能坚持去投资，在认为股价低于价值时买进并长期持有而不被股价的最近走势所乱，就像课本所说的像对待婚姻一样对待你的股票。

B君属于赌博型。他先把房产抵押贷款获取资金，其后跟着比他早入股市一点点的一个朋友买股票，买入后连续拉升，他什么也不懂，朋友说还能涨，于是就一直拿着，后来眼看着天天下跌，朋友讲这是洗盘，他也相信了，随后的时间就是痛苦的，在上涨的前一时刻，终于忍不住再亏损下去了，挥刀割肉出局。

大量经验数据显示，大多数投资者都属于风险厌恶者，虽然其风险厌恶程度不一。所以，对大多数投资者而言，理性投资表现为：收益会增加自身效用，而风险会减少自身效用，多一分风险，就要用多一分收益来进行补偿，风险与收益要保持一定的均衡关系。

怎样才能做到理性投资呢？知识、眼力都是重要的因素，但人往往容易受到主观因素的误导，只要做到了客观，理想就不难了。所以，关键还是要靠自己的头脑来把握。

2. 过度投资会造成财务危机

基金股市红火的时候，一些人看着别人发财自己却囊中羞涩，就开始动脑筋了，他们把目光投向了信用卡。许燕南就是其中之一。那时许燕南才刚从学校毕业，看着身边不少同事买基金都赚了，他也忍耐不住了。可没有什么积蓄，该怎么投资呢？难道只能看着别人发财自己眼红？一次刷卡消费后，他眼前突然一亮：为什么不利用信用卡长达50天的透支免息期来实现自己的财富梦想呢？

在经过一番精打细算后，许燕南想了一个在自己看来几乎是完美的法子。他把自己3500元的工资留下500元备用，用其余3000元购买了一只平衡型基金，然后在这一个月里所有购物、吃饭等消费都尽量用信用卡来支付，在免息期到来需要还债之前，卖掉基金，还清卡上的债务。

用这种“独特”的投资方式，半年时间里许燕南获得了高达40%的收益。尝到了这种投资的甜头，许燕南有些一发不可收拾了。知道股票比基金来钱更快，他就在银行办了张透支额度可达5万元的金卡，决定专门用这张卡来进行股票投资。在银行透支5万元现金后他购买的第一只股票是××证券，他于3月3日买入，4月17日卖出，净赚30%，还银行约400元的现金透支利息费用，还赚2万多元。之后，许燕南的操作还算顺利。然而，开年第一天的××股票让他损失惨重，市场毫无预警的下跌超出了他的预期，算下成本，一次失误使他不仅没赚到钱，还亏了几千元。本想赚笔钱带女友去旅游的，没想到却把本钱也亏了进去。许燕南特别郁闷，但反思了之后他明白，自己忘了这是在负债投资，是在“用明天的钱，圆今天的梦”，应该选择一些抗风险能力比较强的股票，这样才不至于过度投资造成财务危机。

现在，各大银行都推出了有透支功能的信用卡，许燕南之前利用50天透支免息期在日常消费中全部依赖信用卡，将生活用的钱解放出来放在证券市场上投资，经过巧妙动作后赚取差价的行为有可借鉴之处。但许燕南后面开始透支现金去投资，这种方式就不可取了。因为现金透支的话，银行每天要收取千分之五的利息，超过一个月还要收取滞纳金，如果投资稍微有点偏差，就要遭遇股票下跌和银行利息费的双重亏损，所以一般人尽量不要使用这种方法来“圆梦”。这种投资方式非常强调技术性，可以说是非常伤脑筋。首先，你得选只好基金(股票)，既能赚钱又不能有太大风险；同时，还要从信用卡的银行账单日、还款日和基金赎回日三方面精密计算天数，不能出一点差错，否则就要向银行支付高额的利息。信用卡是投资的好帮手，如果正确使用，它会成为你打开投资之门的一把钥匙，但如果使用不当，过度透支的话，打开的就可能会是魔鬼之门。

现在也有一些基金公司跟银行合作，推出了基金信用卡，使信用卡的投资功能更突出了，持卡人可以选择将现金投资于有更高报酬的项目，不过一定得谨慎评估比较投资报酬率与循环信用信息，别到时白忙了一场，赚的钱不够交利息的，这样就失去了投资的意义。

“用明天的钱圆今天的梦”时还要注意，投资最好以流动性和安全性为第一要求，切忌进入高风险投资市场，更不要盲目过度投资。

3. 除去投资的四大“心魔”

投资需要独立、缜密的思考，不能被那些“金玉其外”的投资规划建议搞得晕头转向，一定要找到适合自己的、并且能帮助你绕过风险的规范策略。

（1）愈是贪婪的人，愈容易遇上财务风险

贪婪的人根本不考虑投资中的风险，一味地追求财富，往往克制不住自己的欲望，反而被自己的欲望绊住！一个关于财富的神话，它告诉了人们如何对待财富，如何克服贪婪。

在米达斯国，国王想到只有变得更有钱才能让自己快乐，于是和神商量让自己拥有神奇的力量。神答应了他，让他的手指头无论碰到什么东西，那东西立即就变成黄金。在拥有了“金手指”后，国王的快乐并没有持续多久。他痛苦地发现，自己既不能吃，也不能喝，美味在他嘴里变成了黄金，最糟糕的是他亲吻自己的女儿时，最爱的女儿也变成了黄金。国王这才意识到金钱并不能真正让自己快乐，于是向神忏悔，神也答应了他，让他恢复了平静幸福的生活。

从这个故事我们可以看出，如果过分地追求金钱就会失去自己原有的乐趣，索取要有一定的限度，特别是在金钱的追求上更要适可而止。

贪婪是投资和投资过程中的大忌，一旦被贪念占据了上风，就很难把握住自己的投资方向和投资额，很容易成为投资浪潮中的牺牲品。

（2）投资忌盲目

市场上的投资品种多如牛毛，让人们应接不暇，往往还不清楚个中状况，就仓促投资了；多数人的投资习惯是随大流，看到别人做什么就跟着做什么。其实，投资方式是因人而异的，投资品种的组合也只是表面形式，问题的关键是要独立思考，寻找适合自己的投资方式。

股票、基金、保险、期货、信托、黄金、艺术品等投资品种，仅仅了解其名称及简单说明是远远不够的。就像只看到了冰山的一角，而冰山的秘密却在于水下面的部分。专业机构会根据客户需要提出投资建议，但往往我们看到的所谓投资规划和投资服务变味成为产品销售的平台，尽力把平台机构当前主推的、奖励比例高的投资产品兜售给客户。这样一来，吃亏的就有可能是客户自己了。

在投资方面，市场很残酷，没有所谓的专家，只有胜利者和失败者，只有少数人能存活下来，能赚大钱。

（3）学会独立思考

教科书上可以找到不少关于投资规划等方面的内容，例如教你如何把自己的钱分放在不同的篮子里：首先告诉你储蓄的重要性，要为你的明天做好准备；其次分门别类地教你如何投资证券、黄金、期货等一些常见的投资手段，甚至教你如何用保险投资获利。这类“纸上谈兵”的东西太多太多了，在这里就不详述了。然而，事实上书本并不能解决一切问题，经济学家不一定都是投资大师，投资大师未必都是经济学家。

股市如大河，有波涛，有风浪，有涨潮，有落潮。股市中的机会好比大河中的鱼，有大鱼，有小鱼，抓住机会如同捕鱼。市场深幅调整后，或涸泽而渔，或结网捕捞，或放长线钓大鱼，这是仁者见仁、智者见智的事情，是策略，是思维方式。大河依然在，鱼儿依然在，市场魅力也在于此。

坚持独立思考，抛开羊群心理，寻找适合自己的投资方式，也许这是投资的关键。

（4）偏爱既得利益

行为金融学调查中常会说到关于“选择”的问题，即要么立刻拿到100元钱，要么现在先不要，而一年后可能拿到多过100元但并不确定的收益，大多数人的选择往往会是前者。这就像“火鸡效应”——每天早上起来，都有人给火鸡喂食，经过一段时间，火鸡认为生活再好不过了，一切都会按照既定模式延续下去不会改变，这便产生了“信息的幻觉”，由此又产生了一个更坏的幻觉——“控制幻觉”，认为自己能控制未来，但实际上未来是不可控的——感恩节当天人们吃掉了火鸡。

“火鸡效应”与人们的投资心理一样：总是偏爱最快速、最保险的获利或唾手可得的好处。就像人们虽然知道尽早储蓄能产生巨大的复合利率效应，但在保障日后生活方面，投资者仍会延迟行动——因为人们往往感觉相比于将来拥有无忧无虑的退休生活，现在的牺牲似乎无法忍受，往往做出目光短浅的选择，这是人的本性之一。

三、千万别接最后一棒

我们来看一个非常著名的历史事件。

人们很难想到竟然是由一种小小的植物，引发了世界经济发展史上第一起重大投机狂潮。这一投机事件是荷兰由一个强盛的殖民帝国走向衰落而被载入史册的，它也是迄今为止证券交易中极为罕见的一例。“郁金香现象”这个经济学上特有的名词也是出自于此。

郁金香属于百合科，是一种草本植物。郁金香原产于小亚细亚，在当地极为普通。一般仅长出三四枚粉白色的广披针形叶子，根部长有鳞状球茎。每逢初春乍暖还寒时，郁金香就含苞待放，花开呈杯状，非常漂亮。郁金香品种很多，其中黑色花很少见，也最珍贵。郁金香容易受病毒的侵袭，是因为在它的花瓣上有着条纹或斑点。

可以说，荷兰在17世纪是培育投机者的温床。人们的赌博和投机欲望是如此的强烈，美丽迷人而又稀有的郁金香难免不成为他们猎取的对象，机敏的投机商开始大量囤积郁金香球茎以待价格上涨。在舆论鼓吹之下，人们对郁金香的倾慕之情愈来愈浓，最后对其表现出一种病态的倾慕与热忱，以致拥有和种植这种花卉逐渐成为享有极高声誉的象征。人们开始竞相效仿疯狂地抢购郁金香球茎。起初，球茎商人只是大量囤积以期价格上涨抛出，随着投机行为的发展，一大批投机者趁机大炒郁金香。一时间，郁金香令千万人为之疯狂，并且膨胀成为虚幻的价值符号。

一种叫作“花叶病”的非致命病毒可以在郁金香的培植过程中侵袭它，病毒使郁金香花瓣产生了一些色彩对比非常鲜明的彩色条或“火焰”，荷兰人极其珍视这些被称之为“稀奇古怪”的受感染的球茎。

“花叶病”也给人们带来了更疯狂的投机机会。不久，公众一致的鉴别标准就成为：“一个球茎越古怪其价格就越高！”郁金香球茎的价格开始猛涨，价格越高，购买者越多。欧洲各国的投机商为了加入这一投机狂潮，纷纷拥进了荷兰。

以前看起来不值一钱的郁金香，在1636年竟然达到了与一辆马车、几匹马等值的地步，就连长在地里肉眼看不见的球茎都几经转手交易。1637年郁金香涨幅高达5900%。

这次的投机狂热行为有着相同的规律，价格的上扬促使众多的投机者介入，长时间的居高不下又促使众多的投机者谨慎从事。此时，任何风吹草动都可能导致整个市场的崩溃。

但是，在一夜之间，无人再敢接手郁金香，它仿佛成了烫手山芋。郁金香球茎的价格宛如断崖上滑落的枯枝，一泻千里，暴跌不止。荷兰政府发出声明，认为郁金香球茎价格无理由下跌，让市民停止抛售，并试图以合同价格的10%来了结所有的合同，但这些努力毫无用处。一星期后，一根郁金香售价不过是一只普通洋葱的售价，它变得几乎一文不值了。

一夜之间，多少人成为不名一文的穷光蛋，富有的商人变成了乞丐，一些大贵族也陷入无法挽救的破产境地，千万人在为之悲泣。

任何人都无法控制客观经济规律的作用，就如有暴涨一定必有暴跌一样。下跌狂潮刚过，市民们怨声载道，极力搜寻替罪羊，却极力回避全国上下群体无理智地投机这一事实。他们一时还接受不了这个事实，还在自欺欺人，把原因归结为那个倒霉的水手，或把原因归结为政府调控手段不力，甚至恳请政府将球茎的价格恢复到暴跌以前的水平。

接着，人们还向法院伸出了求援之手。恐慌之中，那些原已签订合同要以高价购买的商人全部拒绝履行承诺，只有法律才能督促他们依照合同办事。然而，法律除了能干预某些具体的经济行为外，它是绝不能凌驾于经济规律之上的。法官无可奈何地声称这次行为原则上不受法律保护，郁金香投机狂潮实为一次全国性的赌博活动。

人们最后的一丝希望也被打破了，人们彻底地绝望了。从前那些因一夜乍富喜极而泣之人，如今又在为突然降临的一贫如洗仰天悲哭了，宛如一场噩梦，醒来之时，用手拼命掐自己的脸蛋才发觉现实就在梦中。荷兰人已经身心疲乏了，他们每天用呆滞的目光盯着手里郁金香球茎，仍旧不愿从梦里醒来。

荷兰繁荣的经济仿佛昙花一现，从此走向了衰落，世界投机狂潮的始作俑者也为自己的狂热付出了沉痛的代价。郁金香球茎大恐慌给荷兰造成了严重的影响，使之陷入了长期的经济大萧条。17 世纪后半期，荷兰在欧洲的地位受到英国有力的挑战，欧洲繁荣的中心随即移向英吉利海峡彼岸。

从此，荷兰从世界头号帝国的宝座上跌落下来，甚至一蹶不振了，而郁金香却依然还是郁金香。

传销，在中国曾经被越炒越热，在政府打击下依然不断地死灰复燃，参与传销的不仅仅是些毫无经济知识的人，有许多许多知识分子，他们的唯一目的就是获利，再获利。一瓶兰花油不外乎 10 元成本，可以传成 1000 元甚至 10000 元，兰花油其实是可以忽略不计了，毫不犹豫地买下它入会就是期待自己后面还有更大的笨蛋，这样一个笨蛋到下一个笨蛋，到最后最大的一批笨蛋出现了，盈利的是早做的笨蛋们。

1. 不是最大的笨蛋，就一定是赢家

“最大的笨蛋”理论出自著名的经济学家凯恩斯之手。他为了能够专注地从事学术研究，免受金钱的困扰，曾出外讲课以赚取课时费，但课时费的收入毕竟是有限的。于是他在 1919 年 8 月，借了几千英镑去做远期外汇这种投机生意。

仅仅 4 个月的时间，凯恩斯净赚 1 万多英镑，这相当于他讲课 10 年的收入。但 3 个月之后，凯恩斯把赚到的利润和借来的本金输了个精光。7 个月后，凯恩斯涉足棉花期货交易，又大获成功。

凯恩斯把期货品种几乎做了个遍，而且还涉足股票。到 1937 年他因病而“金盆洗手”的时候，已经积攒起一生享用不完的巨额财富。

与一般赌徒不同，作为经济学家的凯恩斯在这场投机的生意中，除了赚取可观的利润之外，最大也是最有益的收获是发现了“笨蛋理论”，也有人将其称为“博傻理论”。

凯恩斯曾举过一个选美的案例来说明这一理论：从 100 张照片中选择

你认为最漂亮的脸蛋，如果你选中的答案和最后的答案一致，就可以获得大奖。当然最终是由最高票数来决定哪张脸最漂亮。你应该怎样投票呢？

正确的做法不是选自己真的认为漂亮的那张脸，而是猜多数人会选谁就投她一票，哪怕她丑得像时下出没于各种搞笑场合、令人晚上做噩梦的娱乐明星，哪怕她长得把她相片贴在大门上就能当辟邪来用。

这就是说，投机行为应建立在对大众心理的猜测之上。期货和证券赌博也是这个道理。比如说，你不知道某个股票的真实价值，但为什么你花 20 块钱一股去买走呢？因为你预期有人会花更高的价钱从你那儿把它买走。

马尔基尔把凯恩斯的这一看法归纳为“最大的笨蛋”理论：你之所以完全不管某个东西的真实价值，即使它一文不值，你也愿意花高价买下，是因为你预期有一个更大的笨蛋，会出更高的价格，从你那儿把它买走。

“博傻理论”所要揭示的就是投机行为背后的动机，投机行为的关键是判断“有没有比自己更大的笨蛋”，只要自己不是最大的笨蛋，那么自己就一定是赢家，只是赢多赢少的问题。如果再没有一个愿意出更高价格的更大的笨蛋来做你的“下家”，那么你就成了最大的笨蛋。可以这样说，任何一个投机者信奉的无非是“最大的笨蛋”理论。

20 世纪 80 年代后期，日本房地产价格暴涨，1986 年到 1989 年，日本的房价整整涨了两倍。房价骤涨，日本人发现炒房地产来钱更快，于是纷纷拿出积蓄进行投机。他们知道房子虽然不值那么多钱，他们在期待有更大的笨蛋出现，到了 1993 年，最大的笨蛋出现了，国土面积相当于美国加利福尼亚州的日本，其地价市值总额竟相当于整个美国地价总额的 4

倍。这些最大的笨蛋只能通过跳楼来解脱了。

投机就是找替罪羊游戏，要是你参与玩了半天还没有找到自己的替罪羊，那说明你已经成为别人的替罪羊了。很多人往往是自己在做笨蛋时发现不了，发现自己是笨蛋时走不了，大家都知道在博傻，不过又有几个人能说服自己呢？

2. 敢于去博傻，也精于博傻

一天，几个骗子拿着一些写着“面值一元”的纸片对一群围观者说：“我们的纸片非常神奇，它就好比一座金山，会随着时间的推移而不断增高、增值。也就是说，只要你们拥有了它们，这些纸片就会不断升值。而你们现在得到这些纸片只需要很少的钱，每张10元即可。”

围观者听了都非常兴奋，蜂拥而上，争相购买这所谓的“金山”。片刻，骗子手里的纸片就被抢购一空。买到纸片的人非常高兴，心想，这么值钱的纸片一定还会吸引很多人购买，于是决定以更高的价格抛售出去。与此同时，部分没有买到的人非常渴望能够得到如此值钱的纸片，于是纷纷以20元、30元甚至更高的价格从买到纸片的人手里抢购，即使要他们交很多的手续费也十分乐意，因为他们认为一定会将这些纸片以更高的价格抛售，所以信心十足地等待买家，可是终于有一天，他们发现这些所谓能够升值的纸片其实就是废纸，根本不值一元钱。于是，购买纸片的人都成了傻瓜，而最后以最高价格购买纸片的人则成了最大的傻瓜。

自从我国改革开放以来，买股票的人越来越多。买股票究竟是怎么赚的钱呢？其实，赚的就是最大笨蛋的钱。当你认为某只股票有增长潜力的时候，在合适的价格买入，等到它真正涨起来，再全盘卖出，其中的差价就是你的投机所得，这是很多人认为的买股票应遵循价值投资的方式。但是事实上并不是这么简单，股票有高潮和低潮，就如企业的发展一样，稳赚不赔的方法则是在低潮中买入，在高潮时卖出。

姚奇伟是一个上海人，他收藏金银币已经有10余年了，收藏既是他的业余爱好也是他的一种投资手段。刚入收藏界时，他也跟风炒作，亏损很大，后来姚奇伟通过花钱买教训，渐渐地开始“博傻”，从而获利颇丰。

金银币市场在1998年时，大大地缩水了。当时的1998版熊猫金币受其连累销量极差，投资者都回避它。但是姚奇伟隐约觉察到以年销量为实际发行量的发行方式使其自然成为量少品种，在熊猫系列中产生瓶颈作用，果然一年后，1998版熊猫金币开始升值。敏锐的逆向思维让姚奇伟瞄准了这匹黑马，赚取了人生中的第一桶金。

靠逆向思维去“博傻”，也曾帮姚奇伟避免了一次又一次的失败。

2003年，由于大量的宣传和市场的热炒氛围，开光佛指舍利金币在半个月内价格就翻了两番。跟风炒作者很多，姚奇伟也购进了30万元的金币。但是很快他就察觉到该金币并没有沉淀，绝大多数都是炒作筹码，当中小投资者越来越多地跟进时，姚奇伟果断地全部平仓。不少同行都说他傻，十分不理解他的行为，但姚奇伟自嘲就是去“博傻”，两个月后，果然不出他所料，开光佛指舍利金币价格大幅下跌。

金银币市场境况在2004年上半年一直不太好，金银币陆续被不少投资者又大量抛售出去，但是姚奇伟却又开始逆向操作了。他全仓吃进不少金银币。因为他判断油价肯定会推动金价上涨，而距金价越近的金币上涨空间也越大，况且下半年礼品消费趋旺，焉有不升的道理。下半年，金银币的确上涨了不少，姚奇伟凭着这一操作手法，又再次获利了。

姚奇伟在总结自己的收藏经历时，感叹地说："这年头谁都不傻，敢于去博傻的人才是真正的赢家！"

的确就是这样，聪明的投机者敢于去博傻，也精于博傻。博傻不等同于"傻博"，在经济社会，要做出正确的决策，就要抓住商品经济的变化趋势，还得有超越别人的眼光。

3. 小心自己成为最后的笨蛋

皮埃与沙颂是路易斯安那州的两位农夫。有一天，皮埃来到沙颂的农场，并赞美沙颂的马说："我一定要买下这匹马，它真的是漂亮极了。"

"真的很抱歉，皮埃，我不能卖它。我已经拥有这匹马很多年了，而且我很喜欢它。"沙颂拒绝道。

皮埃坚持要买："我愿意付出十块钱的代价买下它！"

沙颂说："好吧，我同意。"

于是，他们签下一纸合约并完成了交易。但是，大约一个星期之后，沙颂来到皮埃的农场对他说："皮埃，我一定要拿回我的马，我实在太想念它了。"

"我已经花了五块钱买了一部拖车，我不能这么做。"皮埃摇头道。

沙颂说："那我付二十块钱向你买下这匹马和拖车，我买定它们了。"

十五块的投资在一个星期赚了五块，折合年收益率超过1700%！皮埃默默地盘算着，发现这是一件很值的事情，所以他同意了。

后来，他们俩用这匹马、拖车与其他的附属配件不断地进行交易。最后，他们终于没有足够的现金来交易。所以，他们便去找当地的银行。银行家首先查明他们的信用状况，以及这匹马的价格演变历史，于是放款给他们两个人，而马匹的价格在每轮的交易中也在不断地上涨。每当完成一次交易，皮埃与沙颂的现金流量就呈几何级数增加，而银行家也可以回收全部的放款与利息。

这种情况持续了数年以后，有一位哈佛大学的商学硕士听说这匹神奇的马，来到路易斯安那州，以2700美元的价格向皮埃买下这匹马，而当时皮埃则是以1500美元的价格买下马匹的。

沙颂听到这个消息以后非常生气，“皮埃！你这个笨蛋！你怎么能以2700美元的价格卖掉马匹呢！我们的生活都靠着这匹马啊！”沙颂大声责怪皮埃。

下面让我们来理清一下皮埃与沙颂这么些年来的交易吧。

开始时皮埃和沙颂手头现金各100美元，马在沙颂的手中。

第一轮交易，皮埃的10美元到了沙颂的手中，马到了皮埃的手中。

皮埃有90美元和马，沙颂有110美元。

第二轮交易，沙颂的15美元到了皮埃的手中，马到了沙颂的手中。

皮埃有105美元，沙颂有95美元和马。

第三轮交易，皮埃的20美元到了沙颂的手中，马到了皮埃的手中。

皮埃有85美元和马，沙颂有115美元。

第四轮交易，沙颂的30美元到了皮埃的手中，马到了沙颂的手中。

皮埃有115美元，沙颂有85美元和马。

第五轮交易，皮埃的50美元到了沙颂的手中，马到了皮埃的手中。

皮埃有 65 美元和马，沙颂有 135 美元。

第六轮交易，沙颂的 70 美元到了皮埃的手中，马到了沙颂的手中。

皮埃有 135 美元，沙颂有 65 美元和马。

第七轮交易，皮埃的 100 美元到了沙颂的手中，马到了皮埃的手中。

皮埃有 35 美元和马，沙颂有 165 美元。

第八轮交易，沙颂的 150 美元到了皮埃的手中，马到了沙颂的手中。

皮埃有 185 美元，沙颂有 15 美元和马。

第九轮交易，马的价格涨到了 200 美元，皮埃的 185 美元不够了。

此时，两人开始寻求贷款，他们为了买马各贷款 100 美元，皮埃的现金增加为 285 美元。沙颂则增加为 115 美元。

第九轮交易，皮埃付出 200 美元买下马，沙颂拥有 315 美元，皮埃拥有 85 美元和马。

第十轮交易，沙颂付出 250 美元买下马，皮埃拥有 335 美元，并清还贷款和利息 105 美元，剩下 230 美元现金，而沙颂则拥有 65 美元和马。

于是，这个交易可以不断地进行到马死了为止。奇怪的是，当第十轮交易时，皮埃还掉银行的钱时，他拥有的钱是 230 美元，比他们两人当初的本金加在一起还要多，很明显是拥有了另一方的贷款。但是，如果这个交易继续进行下去，不仅银行不断可以从中获利，他们的钱也会越滚越多。同时，银行将向他们不断地放大贷款规模，他们也会成为银行的优质客户。

中国的股市情形也和这个故事大致相似。股票一路上涨正是由于大家的不断买卖，不管是股民还是机构都可以不断从中获益。通过各种渠道进入其中交易的货币不断增加，由于每次交易都能有优厚的回报，就刺激了越来越多的人愿意投钱进去炒股票，所以今天的中国股市随着股指快速上涨，成交量也迅速放大。前几年，基金的募集也像股票一样，在热火朝天地进行着。

如此下去会产生一种利于社会、利于人们的良性循环，因为随着参加交易的人不断获利，消费也大幅扩大，将刺激经济繁荣，而经济繁荣又反过来推高股市，从而股价一路上升。

但是，在高兴之余，不要忘记博傻理论，它时刻在提醒我们中国股市还是有可能崩盘的，从牛市转入熊市，有人必然要担起其他赢家的损失，这样只会输得更惨，毕竟天下没有不散的筵席。上面故事里是由于有人最终高价买走了马，结束了这次交易，所以最终交易双方和银行都得到了赢利，但是如果马在交易中死了会怎么样？一切的交易会终止，最后拥有马的一方必然在交易中出现巨额的亏损，而亏损肯定是由银行来承担。股市中也一样，当股票价格不断在交易中被拉高，终究会有一天由于价格完全脱离价值，或者企业本身的问题而崩盘，即使没有以上问题，货币供应也是有限的，最后会随着股价不断提高而难以为继的。如果到时候崩盘了，那时交易中的资金量已经越滚越大，一旦亏损首先是散户受到影响，这样引起的亏损是不可想象的。其次是股票型的基金，同股票一样的道理，吃亏的还是散户。

所以，我们要时刻小心别让自己成为最后的笨蛋，更是要三思过后再把钱放到股市或其他投资当中。在合适的时候及时刹车，让自己的投机得到一定的回报即可。不是每个人都能成为像罗杰斯、索罗斯一样的投机大师，懂得适时退场对我们来说才是最好的选择。

四、追求金钱，必须懂得控制风险

朱先生本来并不是优秀的弄潮儿，但良好的机遇使他一下海就连着挖到了好几桶金，而且这几桶金的分量都还不轻。这使他信心倍增，认为命运之神站在自己一边，他怎么都能赢。前不久，他又看中了一个新型铝合金门窗项目，于是毫不犹豫地投入了大量资金，以此来抓住他认为的商机。但这次他却没有那么好的运气。改良塑钢门窗以其良好的密封性，保温隔热隔音的性能，使他的新型铝合金门窗在当地断了销路。

几次好运气就让朱先生得意忘形，认为自己无所不能。可幸运不能永随，以运气来度量财富之路，早晚要跌跟头。这次投资失败给了朱先生一个教训。“好运连连，一帆风顺”，只不过是人们的一种美好愿望而已，在现实中是不可能的事。投资是一门科学，要尊重其规律，否则受到惩罚，只能算是咎由自取。

投资者如果只重眼前小利，忽视在投资上的长期规划，就容易感情用事和盲目跟风。因此投资应当从了解自己开始，慢慢介入，具体应把握以下几点：

首先，分析自己或家庭的财务状况、风险承受能力、投资偏好和投资需求。投资者要对自己及家庭进行财务风险的评估，可以通过投资师的客观专业测试，了解自己的风险偏好，也可以结合自己的年龄、家庭、资产、投资经验为自己划定风险系数。

其次，积极吸收投资基本知识，清楚投资工具的风险和收益，了解市场的行情变动和国家宏观状况等。这一点对于避免盲目投资来说非常重要。

再次，投资虽然不可能完全规避风险，但至少要预先做好保障工作。为此，可以预留一些应急准备金，维持个人或家庭生活的日常费用，再将部分收入作为活期储蓄，剩余的资金才可以用于投资活动。

最后，投资最忌盲目听信"消息"，如"内部人员""权威言论"等等，实际上无论何种"消息"都不可能保证包赚不赔，而且各类信息内容庞杂、真伪难分，不但对投资参考价值不大，还会混淆视听，增加投资决策的成本和不确定性。因此投资者一定要理性对待所谓的"信息来源"，坚持从主流媒体和正常渠道获取政策信息和公司经营及交易信息，增强抵御欺诈性咨询及广告的能力，避免盲目冲动，实现理性投资。

1. 绕开陷阱，识破骗人伎俩

现在，中国投资市场异常火热，在投资过程中，为了保障自己的权益和收益，每个投资者都要多留几个心眼，掀开投资的面纱，绕开投资陷阱，为自己的投资铺平一条光明大道，尽情地拥抱财富。

在绕开陷阱的时候，要注意以下这些问题：

（1）不要盲目跟随“炒股博客”炒股

股市火爆带动各种“炒股博客”如雨后春笋般涌现，投资者若盲目跟随“炒股博客”炒股，将可能面临财产损失求告无门的法律风险。同时，“炒股博客”可能成为“庄家”操纵市场的工具，股民若盲目将从“炒股博客”上获取的所谓“专家意见”当成投资依据，只会大大增加投资风险，很有可能血本无归。

（2）谨防委托民间私募基金炒股

新入市的投资者有相当一部分对股票、基金等一窍不通，这就让民间私募基金有机可乘，他们常常以咨询公司、顾问公司、投资公司、投资工作室或个人名义，以委托投资方式为投资者提供服务。但事实上，民间私募基金本身并不是合法的金融机构，或不是完全合法的受托集合投资机构，其业务主体资格存在瑕疵。其次，民间私募基金与投资者之间签订的管理合同或其他类似投资协议，往往存在保证本金安全、保证收益率等不受法律保护的条款。更有部分不良私募基金或基金经理存在暗箱操作、过度交易、对倒操作、老鼠仓等侵权、违约或者违背善良管理人义务的行为，上述做法都将严重侵害投资者利益。

（3）谨防非法证券投资咨询机构诈骗

有些非法证券投资咨询机构利用股市火爆，趁机对投资者实施诈骗活动。例如，深圳有关执法机构就曾联合查处了罗湖和福田两区 8 家非法证券投资咨询公司的非法创业行为。这些公司通过电话、电视和网络等方式大肆向全国各地做广告，宣称推出了新的投资方式，会员无须缴纳会员费，只要将自己的资金账户、证券账户及交易密码告知公司的业务员，公司就可代会员进行股票买卖，联合坐庄，保证每年100%或者更高的收益，赢利后按约定的比例收取咨询费用。但实际情况是，这种公司取得投资者的资金账户、证券账户和密码后，会以对坐庄个股保密为由，立即修改密码，然后将账户中的股票全部卖出或将资金全部转走。

投资陷阱层出不穷，花样不断翻新，它们的目的不外乎诱惑渴望飞速投资致富的人。虽然投资陷阱花样多，任它怎么乔装改扮，在有慧眼的投资者面前，它们不过是新瓶装旧酒，只要识破投资骗人的这些伎俩，就会让你的投资少走一些弯路。

在投资上，很多陷阱都有一些相似的骗人伎俩：

（1）告诉你能“一夜暴富”

“一夜暴富”是某些人心中所想、梦中所求，骗子们就迎合人们这种心理，制造各种诱人暴富的所谓“投资”项目，并配以鲜活的案例，从而达到请君入瓮的目的，绝大多数的投资陷阱都有这一特点。

（2）告诉你“零风险高收益”

这句话听起来很可笑，但它却迎合了很多人想迅速发财致富的心理。骗子们正是顺应这部分人的需求，制造出所谓“零风险高收益”的投资项目，比如炒股软件、林业托管。为了增加这些项目的可信度，他们有时候会在项目中引入第三方“担保”，从而让投资者彻底放心，而担保人表面上是某某担保公司，实际上就是他们自己。

（3）先给你点“甜头”

骗子们利用人们幻想赚“快钱”的心理，在非常短的时间里让投资者获得“收益”，从而消除投资者的疑虑，增强投资者的信心，诱使投资者敢于“倾囊而出”。比如，一些非法集资、黑基金都是如此。

（4）披上合法的外衣

骗子们大都为自己的项目披上合法的外衣，从而增加投资者的信任度。比如托管造林陷阱就极力宣传“托管造林”模式是响应中央号召，是国家鼓励社会主体参与林业建设和投资的新模式，欺骗投资者。

（5）虚张声势

骗子们大都对自己进行过度包装，经常以“大公司”“集团公司”的面目出现，号称注册资本数千万或上亿，业务涉及多种产业，他们还租用高档写字楼，开着高档汽车，其目的是骗取投资者的信任。

（6）告诉你是创新项目或海外项目

创新项目意味着前无古人，投资者没有地方去调查和比较，难以获得充分的信息。海外项目也是一样，普通投资者根本无从查询，骗子们想说什么就是什么。

2. 不要掉入从众心理的陷阱

现代社会普遍存在着随大流的这种习惯。人们总会这样想：“你看人家都这样了咱也学人家吧。”这样的观点永远也发不了财。当几个人在一起聊天的时候，说到要拿出些钱进行投资的问题，于是有人说自己买了几只股票，收益还不错；但此言一出立即遭到多人反对——有人说风险太大，还有人说买基金有时也是亏钱的。

如果这时突然有人来了一句：“听说黄金收益不错，一直在涨呢，还是买黄金吧。”这一说立即有人附和：“对啊对啊，我也听说黄金只涨不跌，通货膨胀率高的时候买黄金很划算的。”可黄金怎么买？最先提议的这个人沉默了。停了一会儿，有人说："好像听说有实物黄金可以买，黄金期货也开出来了。"在这种情况下，大家也就会一窝蜂地跟着去买黄金了。

在不了解投资内情的情况下，不要盲目地跟风，大家都"扎堆"而去的地方未必是好地方；找到适合自己的投资方式才是最好的选择，投资切忌一味地跟风。

股市的财富效应，让许多人觉得遍地是黄金，关键就是你的眼光和信息准不准。于是人们经常会推崇身边的投资高手以及盲目迷信各种来源的小道消息，许多散户还有着"宁可犯错，也不能错过"的共同心理。其实，散户要想成功连续跑赢机构和大盘并不那么简单，因为他们获取的信息不对称并且处于市场的劣势端。很多在公开场合经常吹嘘自己的投资如何成功的人，往往挑选的是自己一部分成功投资的"亮点"在大家面前炫耀。有的人虽有过一些成功投资的经历，但是他们却很少向朋友和同事们透露自己失败的投资或是不成功的经历。

因此如果当你遇到这样的投资高手，切勿因为他们的只言片语就觉得别人总是赚钱比自己多，赚钱比自己快，影响了自己的正常心态。

1711 年，英国南海公司成立。在英国政府的保护和支持下，该公司被赋予了对南美的贸易垄断权。18 世纪，因交通不发达，人们对南美了解得不多。众人多是听从远洋船队的描述，以为拉美的墨西哥和秘鲁地下埋藏着巨大的金银矿藏。而当时，这片有着"金砖银砖"的土地，被南海公司控制着。于是，所有人都相信，南海公司会不负众望，将那里开采出来的宝藏源源不断地运回国内。

因此，南海公司的股票在国内非常受追捧，自从上市以来，价格就一路攀升。

等到 1791 年，英国国内更是掀起了热买南海股票的浪潮。在这时，人们关心的似乎已经不再是南海公司到底能运回多少金银珠宝，而是它的股票还能涨多少！只要它的价格上涨，人们就有机会因投机而一夜暴富！于是，短短半年之内，南海公司的股票就从每股 128 英镑蹿升至每股 1000 英镑以上，涨幅高达 700%！社会各界人士纷纷拥入交易所里，都抢着要购买南海股票。

后来，事实证明，众人对南美的想象是虚假的，南海公司带来的赢利非常少。随着人们对南海公司的失望，投资者们逐渐冷静下来，并开始向外抛售南海的股票。没想到，这一抛售不要紧，股市当初的繁荣变成了无情的崩溃！南海股票销售得太多了，一旦被抛售，对股市的冲击实在太可怕，一个巨大金融泡沫就这样破灭了！

就这样，又是短短几个月的时间，南海的股价受到剧挫，下跌了几百英镑！成千上万的人在这场狂热的炒股运动中倾家荡产。此后近百年，英国人仍然“谈股色变”。

因此，在市场操作中，投资者应深刻理解从众心理产生的心理机制，在自己的投资活动中，理性独立地做出分析、判断。同时，认清当前的经济形势，合理地选择投资工具。比如，在投资股票风险大时，可以选择基金、保险等其他投资手段，多元化地进行组合，做到“不把鸡蛋放到一个篮子里”，这样可以达到分散风险的目的，同时也能不至于因盲目跟随而掉入从众心理的陷阱。

3. 高收益率就是“黄粱美梦”

人们常常都有以最少的投资获得最大的收益的幻想，把钱存在银行，一年的利息不过才3%–4%，如果能获得20%以上的收益的话，那该是多么好的一件事呀！我们常常会陷入追求高收益的幻想中不能自拔，因此，常见人们购买中奖率极低的福利彩票，这种存在侥幸心理希望赚得满盆金的人也不在少数。由于高息的诱惑实在让人垂涎，因而上当受骗的人不计其数，甚至家破人亡都不是什么稀罕事。

20世纪20年代有一位叫查尔斯·庞齐的美国人借助佛罗里达的开发热潮，大肆向人们宣扬“只要投资购房款的10%，剩余的建筑费用可由银行贷款，购房者不用操任何心，不过几周的时间就可以获得2倍以上的收益”。有保障的高额回报通过宣传，聚集了无数的人。

不过，庞齐的真实面目其实是一个地地道道的骗子，他把后来投资者的钱付给先投资的人，以诱使更多的人上当。即他把从B处获得的投资金支付给A，再把从C处获得的投资金支付给B。庞齐的这种“妙策”为他带来了声誉及财富上的“成功”。由于前期投资的人都获得了丰厚回报，被利益冲昏头脑、渴望发财的人趋之若鹜，这种过程如果能够无限期地持续下去，那该是多么好的一件事呀！但是3年过去了，庞齐承诺的高楼大厦仍然还只是空中楼阁，人们开始逐渐看清庞齐的真面目。最终，在庞齐把非法积累的10亿美元挥霍得仅剩下1400万美元时，这个可恶的骗子被送进了监狱。

在此事件之后，经济学家将只顾追求比本质价值更高利益的事称为“庞氏骗局”，指的就是追求比本质性的基本价值更高的泡沫形态。泡沫只能带来一时的快活，而留下来的苦果足够让人们吞咽一辈子。

在当今社会，这种“庞氏骗局”仍很常见：超常上涨的股票、超常发展的股市许多时候是以“庞氏骗局”方式制造出来的。通过一轮一轮的人为炒作，不断抬高股价，依靠后一轮的资金投入来给前一轮的投资者提供收益，这样的游戏一直持续，直至没有新的承接者而崩溃，“森林银行 / 绿色银行”“奶牛银行”等一些非法金融机构就是“庞氏骗局”的现代版。非法传销是传销者眼中“伟大的事业”，但是这种事业却是永远见不得光的，非法传销者宣扬“一夜暴富”的赚钱方式，为这种欺骗穿上“善意”“机会”的外衣，不停地吸引着来自各地的“掘金者”。非法传销者不注重销售，以注重人头为主，产品只是一个“道具”。非法传销与“庞氏骗局”在实质上如出一辙，都是“拆东墙补西墙”“空手套白狼”的骗人行为。

其实，大大小小的“庞氏骗局”在我国也有出现，我们称之“非法集资”。

亿霖集团的“投资几万元，轻松做老板”的广告介绍说：“我们公司主要从事托管造林，也就是说，我们把承包或收购的林地卖给投资人，再接受投资人的委托对林地进行管护，等林木长成后，双方再进行利益分配。而我们销售的全是速生丰产林，林木 7 年后保证成材见效益，每亩地的净收入可达六七千元。买的地越多，好处越大。”这样的宣传打动了 64 岁的何女士。她悄悄支取了儿女的 20 万元存款，又把老母亲的 10 万元养老费借来，东拼西凑 40 万元。投资后，她多次要求去当地实地考察，公司人员均以天气冷、工作忙等各种借口拒绝。她还是不大放心，连家人也瞒着，独自去，竟发现所有树只有筷子那么粗，高矮一尺多，且全是死的没有活的，丛生的杂草倒是比树高。于是，她向公安局报案。公安局成立专案组，开始对亿霖集团全面调查。这时，骗子们有所觉察，开始向境外转移资金并择机潜逃，专案组一举抓获亿霖集团11名高管人员。侦查发现，一个刑满释放人员打着“合作造林”的招牌，纠集一伙不法人员，在短短两年时间内，从全国各地狂敛资金16.8亿元。

央行相关规定明确表示，民间借贷如果高出人民银行公布的同期利率的4倍，就属违法行为。如果现在的基准利率是5.31%，4倍也就是21%左右。如果有人允诺给你30%、50%的利率，这种“大钱”是可怕的。

国家公安部提示，当前非法集资违法犯罪活动仍较突出，其手法不断翻新，仍需引起各地群众高度警惕。其特点为：一是以投资房地产为名的非法集资活动仍然多发。二是以境外投资服务为名的集资活动仍屡禁不止。三是借投资墓地获高息及代理转让墓穴类为名的非法集资仍时有发生。四是利用民间“标会”等传统形式的非法集资仍然存在。

我们要提高自身的甄别能力，谨慎投资。对社会上的投资项目要多渠道、多方位了解，特别要注意一些所谓的“零风险”“高回报”的集资方式，不要心存幻想，应理性思考和面对因参与非法集资活动带来的风险。盲目参与非法集资活动，不受国家法律保护，极有可能造成血本无归的悲惨局面。

理财基础篇

一、我们为何需要理财

今天理财已成为一个极为时尚的词，电视报纸，网络杂志，街谈巷议，总是能够频频遇到。已经有越来越多的人认识到了理财的重要性，卷入到理财浪潮中去。

所谓理财，就是规划我们现在及未来的财务资源，使其能够满足人生不同阶段之需求，以及达到预定的目标，使我们能够财务独立自主，实现财务自由。

有人参加工作很多年了，而且薪酬还不错，也没有办过什么大的事情，但是手头仍很拮据。也有人说，我之所以没钱，主要是挣钱太少。其实这是一种很危险的思想，消费是个无底洞，钱再多都能花完，那些一夜暴富的人最后变成穷光蛋的多的是。在我们还不宽裕的时候，更应该做一个详细的开支计划，哪些是必需品，哪些是奢侈品，除去必需品的花销，剩余的都拿到银行存起来，本钱攒下了，还会有利息。少不要紧，积少成多嘛。世界上最伟大的投资家沃伦·巴菲特，他的投资生涯是从卖报纸开始的。

橡胶大王王永庆也是从小作坊开始的。对于他们来说，当前的钱多钱少并不重要，重要的是如何用有限的钱，来生更多的钱。

我们必须先树立一个观念，不论贫富，理财都是伴随人生的大事，在这场“人生经营”过程中，愈穷的人就愈输不起，对理财更应要严肃而谨慎地去看待。

专家为大家算了一笔账，一个城市家庭一生需要多少钱？即使不考虑通货膨胀，粗算下来，包括房子、汽车、子女教育、赡养父母以及自己退休花费，结果令人震惊———一辈子总共需求高达400多万元。

那么，我们工作一辈子能赚多少钱？假定夫妻的月收入6000元左右，工作30年，总共收入是216万元。这样，收入与支出之间就出现了大约200万元的资金缺口。

看过以上的几个数字，许多人会大吃一惊，原来自己要支付如此庞大的生活消费，由此会加剧拼命赚钱的压力。专家提醒人们，人们赚钱的高峰期不超过20年，要想平稳地支付生活费用和保障一定的生活质量，理财规划是必不可少的。建立科学的理财观念，独立自主地管理财务，实际上是每个家庭都需要的基本保障手段。

1. 理财规划应趁早进行

何刚供职于一家企业，他拿着不菲的薪水。但他的财务状况一直处于入不敷出的状态，参加工作两年来，他可以说是“白骨精”(白领+骨干+精英)一族中的“贫困”阶层。像何刚这样的人不在少数，他们共同的特点是认为理财是守财奴才做的事情。

同样是年轻人，一样是在两年前毕业的新宇在银行工作，大概是因为工作的缘故，他一开始就有明确的理财目标和规划，每月都将工资收入的1/3固定储蓄，这样不断积累，两年下来，新宇就有了一笔可观的资金。他正打算再贷一些钱来买套房子呢。

中国有句俗话：吃不穷，穿不穷，不会计划一世穷。不管是有钱还是没钱，人生活在现在的社会里，都应该有一个经济计划。人不像动物，只要吃饱了肚皮就什么都不管了，今天有食物今天就吃饱，明天没有食物了就饿着。“今天有酒今天醉，明天没酒喝凉水”是一种不负责任的态度。

在我们身边，有许多人一辈子工作勤奋努力，辛辛苦苦地存钱，却又不知所为何来，既不知有效运用资金，亦不敢过于消费享受，或有些人图“以小博大”，不看自己的能力，把理财目标定得很高，在金钱游戏中打滚，失利后不是颓然收手，放弃从头开始的信心，就是落得后半辈子悔恨抑郁而再难振作。要圆一个美满的人生梦，除了要有一个好的人生目标规划外，也要懂得如何应对各个人生不同阶段的生活所需，而将财务做适当计划及管理就更显其必要。因此，既然理财是一辈子的事，何不及早认清人生各阶段的责任及需求，制订符合自己的生涯理财规划呢？

许多理财专家都认为，一生理财规划应趁早进行，以免年轻时任由“钱财放水流”，蹉跎岁月之后老来嗟叹空悲切。初入社会的第一份薪水是追求经济独立的基础，可开始实务理财操作，因此时年轻，较有事业冲劲，是储备资金的好时机。从开源节流、资金有效运用上双管齐下，切勿冒进急躁。

若是毫无计划，只是凭一时之间的决定主宰理财生涯，则可能有“大起大落”的极端结果。财富是靠“积少成多”“钱滚钱”地逐渐累积，平稳妥当的理财规划应及早拟定，才有助于逐步实现“聚财”的目标，为人生奠定安定、有保障、高品质的生活基础。

2. 个人理财的范围

现代社会“理财”已经成了人们耳熟能详的一个词。越来越多的人开始嘀咕：理财还是不理财？这个问题的答案是“你不理财，财不理你”。

一般人谈到理财，想到的不是投资，就是赚钱。实际上理财的范围很广，理财是理一生的财，也就是个人一生的现金流量与风险管理。每一个人一出生就需要用钱（现金流出），也需要赚钱来产生现金流入。因此不管现在是否有钱，每一个人都需要理财。

个人理财的范围包括以下五个方面：

（1）赚钱——收入

包含运用个人资源所产生的工作收入，如薪资、佣金、工作奖金等；运用金钱资源所产生的理财收入，如利息收入、房租收入、股利等。由此可知理财的范围比赚钱与投资都还要广。

（2）用钱——支出

包括个人及家庭由出生至终老的生活支出，如衣食住行、娱乐、医疗等日常开销；因投资与信贷运用所产生的理财支出，如贷款利息支出、保障型保险保费支出、投资手续费用支出等。

（3）存钱——资产

当期的收入超过支出时会有储蓄产生，而每期累积下来的储蓄就是资产。这笔资产既可用于不时之需，也可用于投资产生新的收益。

（4）借钱——负债

当现金收入无法满足现金支出时就要借钱。借钱的原因可能是暂时性的入不敷出，购置可长期使用的房地产或汽车、家电，以及用以扩充信用的投资。借钱没有马上偿还就会累积成负债，根据负债余额要支付利息，因此在贷款还清前，每期的支出除了生活消费外，还有财务上的本金利息摊还支出。

（5）护钱——保险与信托

护钱的重点在风险管理，在于预先做保险或信托安排，使人力资源或已有财产得到保护，或当发生损失时可以通过理财来弥补损失。常见的保险种类有寿险、医疗险、意外险、火险、责任险等。

总之，理财就是以“管钱”为中心，通过抓好收入、支出、资产、负债、保险等几个环节，管好现在和未来的现金流，让资产在保值的基础上实现稳步、持续的增值，并最终实现财务自由，让生活更加幸福和美好。

3. 个人理财的“金科玉律”

金钱是用劳动者的血汗换来的，虽然有的人不珍惜它，不好好认识和利用它，但我们不能那样，我们要懂得钱要踏踏实实地挣，要一分一角地理。懂得金钱的价值，学会如何明智地理财，这是每个人必须做到的。

任何人都需要像管理自己的事业一样管理自己的财富，照顾好钱，钱也会照顾好你。从一袋爆米花到一次海滨度假游，只要留心，时时处处都能省下银子。

在这里推荐以下理财法则，希望年轻人能长期坚持：

·“零存整取”“定期定额”都是强迫储蓄与储备投资资本的最佳手段，每月将部分收入存到固定投资账户，多年后的财富累积成效绝对会让你大吃一惊。

·衣服、鞋子等在打折的时候该出手时就出手。八折的时候可能还有水分，但到五折就差不多了。买东西还应尽量避开节假日等购物高峰，这个时候不仅人多拥挤，商品价格通常也较高。

·消费时尽享折扣之乐。酒店、健身房、化妆品专柜通常都有可以享受折扣的优惠卡；通过成为某些俱乐部的会员来享受一些优惠也是不错的主意。

·擦亮眼睛选择银行。根据实力的强弱、网点的多少、服务态度的优劣来挑选适合自己的银行，为自己找到一个方便快捷的理财通道。

·清理多余银行卡，减少额外支出。自从银行卡开始收费之后，那些多年不用的睡眠卡要早点清理掉。信用卡更是越少越好，虽然它很方便，但信用卡透支也是导致个人破产的重要原因之一。

·如果不想交滞纳金，就尽量及时缴费。无论是水、电、煤气费用，还是房贷、保费、电话费都可以到银行办理代扣代缴手续，这样不仅可以省去跑腿和排队的麻烦，还能避免滞纳金的支出。

·当心额外的服务。电子产品通常都有一年的保修期。一些零售商会告诉你，如果交纳一定的费用，他们可以延长保修的期限，并提供一些额外服务。不要动心。实践证明，他们所承诺的那些服务是不可信的，如果产品有故障，可直接联系厂家的售后服务部门。

·衣服穿过以后要注意保养。自己特别心爱的和比较容易缩水的衣服要送到专业洗衣店处理。这样虽然会花钱，却能让衣服的寿命大大延长，反而能省下一笔服装费。

·上网查报价。经常到不同的网上商城看看，了解一下你感兴趣的商品报价，从一台新型冰箱到一条小毛巾都不要放过，以便在买的时候做到心中有数。在买大宗物品时，尤其要记住这点。

理财是一种生活习惯，哪怕自己得到的是一分钱，也要清楚地知道这一分钱将如何使用，怎么赋予它不同的用途。当你能够坚持不懈地进行投资，哪怕每天、每周、每月、每年获得的回报只是很少一部分，但只要你坚持这样去做，时间就会让你轻松地成为一位富翁。

假如人一生能活100岁，那么前20年是享用父母的钱，65岁之后进入退休阶段，很多人已经不再创造财富了，所以我们创造财富的时间大概只有短短的40年。在这个阶段，我们还要承担赡养父母和养育孩子的责任。

今天有钱，不等于明天还有钱；今天开始理财，那么明天也许就可以享有富足的人生。

20 ~ 45岁是我们积累财富的黄金时段，也是理财的最佳阶段。在这一阶段养成一种理财的习惯，善用它们，合理地进行投资，为自己未来的富足生活创造一个源源不断获得收入的渠道，是现代人最可靠的选择。

把理财变成一种习惯，那么理财将不再是一种负担和高深的学问。

理财越早越好，理财习惯最好从年轻时就养成。

二、理财不是一件容易事

理财是一件非常美好的事情，但也是一件十分艰难的事情。

理财路上最大的障碍是眼前利益的诱惑。理财的实质是牺牲眼前的消费以增加未来的消费，而人性的弱点却是贪图眼前，总是被眼前利益所诱惑。支撑经济学的最基本的原理是成本与收益，理财也是要付出成本的，理财所要付出的成本就是牺牲眼前的消费，收益则是未来消费的增加。牺牲眼前的消费是一笔小钱，而到了将来却是一笔大钱。理财的一个最简单的方法是量入为出。一个人，如果每天收入 100 元，却花掉 120 元，那将是一件非常危险的事情；相反，如果他每天收入 100 元，却只花掉 80 元，他则会有 20 元的节余。这个道理谁都懂，但是知道是一回事，能不能身体力行又是一回事。挣多少花多少，甚至借钱消费，不成为穷人是没有道理的。理财路上的诱惑无所不在，看到别人买了一款名牌服装，立刻就觉得低人一等，只有超越了诱惑，才能走向成功的顶峰。

横亘在理财路上的另一个障碍是眼高手低，大钱挣不来，小钱又看不上。世界上不想发大财的人是没有的，问题是如何发大财。一般来说，发大财的人都经历了一个挣小钱的过程，在挣小钱的过程中，小钱不断积累，时间久了，你就有了大钱，这是钱财的积累，还有更重要的是经验、能力、社会关系等人力资本的积累，到了一定程度，你就具备了挣大钱的素质。许多人就是不想经历挣小钱的过程，整天做着发财梦，直到想白了少年头，仍是两手空空。

事实上，有理财愿望并不等于有理财成果，每一个理财者都需要具备正确的理财观念和理财手段。面对如此多的误区和困惑，人们应该如何建立合理科学的理财计划?

首先，专家具体分析和讲解了家庭生命周期中，不同时间阶段的理财重点。比如在18岁至25岁的独身期，理财重点是持续培训、娱乐费用以及结婚准备，而在35岁至50岁的成长期，理财重点应该是子女教育、赡养父母和退休储备。应根据家庭所处的不同阶段表现出的收支特征及承担风险的能力，进行理财规划并选择投资产品。

其次，专家介绍了进行理财规划的八个要点。

第一点，确定理财目标要考虑货币的时间价值、复利和通货膨胀率等因素。

第二点，理财计划的三大重点应该是教育、购房和退休。

第三点，资金要供需平衡，即资金的收入加投资收益与消费支出要相对均衡。

第四点，在制订理财方案时要确定合理的期望收益率。

第五点，要选择适合自己的理财产品和能够承担的负债。

第六点，理财产品的流动性、收益性、风险性要合理搭配。

第七点，要根据宏观经济变动及家庭需求变动及时调整理财方案。

第八点，就是认真选择称职的理财顾问。

1. 只注重赚钱而不注重管钱

宝元是一名外企职员，每月都有相当可观的收入，可是和许多刚刚走上工作岗位的年轻人一样，宝元对理财根本没有概念，花钱大手大脚，成了标准的“月光族”。幸好他娶了个善于理财的老婆，终于让自己明白了理财是怎么回事。

婚后不久，宝元老婆就对宝元进行了一番理财“培训”，首先是要求宝元记账，甚至要他针对每月、每季、每年可能的花费编列预算，据此再决定收入分配在各项支出的比例。到了月底，宝元还得照老婆的吩咐把账本拿出来比照，看看这个月又多花了哪些冤枉钱。如此一来，宝元再也不能每周呼朋唤友去海吃海喝了，不过，他还真省下不少钱来。

宝元老婆给宝元上的理财第二课是储蓄。小两口一领到薪水就先抽出30%存起来。宝元开始总觉得钱不够花，后来居然也习惯了。一年下来，小夫妻存了6万元钱。

在老婆的监督和“教导”下，宝元不但改掉了挥霍浪费的习惯，还学到了以钱生钱的能力。

俗话说得好：用一分钟的时间去赚钱，得花五分钟的时间去理财。赚钱不易，管钱更难，只会赚，不会“管”，不能算是懂得理财的道理。

马某为给二儿子定亲，卖牛得款9900元。为了防盗，马老汉将钱藏在装有猪饲料的编织袋底部。过了几天，当马老汉来取钱时，只见编织袋底部有一个破洞，钱不见了，但发现狗窝附近有人民币碎片。老汉想，那钱八成是给狗吃了，于是和儿子一起将狗勒死，剖其腹，果然发现胃中有不少钱票。马老汉提着血淋淋的狗胃来到人民银行新市支行。银行工作人员经过5个多小时的清洗拼合，终于拼出面值100元的人民币61张，面值50元的76张，正好是9900元。

如果他们把钱存银行，这种事情就不会发生了。

如果只注重赚钱而不注重管钱，就可能像猴子掰玉米，左手掰右手扔，到头来所剩无几。

俗话说："天怕起秋旱，人怕老来贫。"年轻时大手大脚不注意储蓄，到老时就会为手头困窘而懊悔。

那么，我们应该如何养成积累金钱的习惯呢？

首先，应当恪守量入为出的准则。要想让财富水库中的水量不断增多，节流是其中的一个重要手段。量入为出是理财的第一要务，是理财的基础。否则赚再多的钱都有可能被挥霍殆尽，最后落得两手空空，甚至成为负债一族。

其次，应当养成储蓄的习惯。理财中有一个非常重要的"九一"法则，用简单的例子来说明，就是当你收入十块钱的时候，你最多只能花掉九块钱，而把那剩余的一块钱存起来。这是理财的首要法则，它可以使你的财富水库由无水变有水，从水少变水多。

最后，应当养成理性消费的习惯。要想过上美好、幸福的生活，就必须克制自己的消费欲望。很多年轻人往往无法做到这一点，花钱无度，甚至过度超前消费，结果只会透支掉自己晚年的幸福，甚至会造成晚年的不幸。因此，为了晚年的幸福，就应该在年轻的时候养成好的消费习惯，千万不要把晚年的幸福都透支掉。

总之，在理财问题上，永远都没有真正的“小钱”，任何一个想要致富的人，都应当做到尊重金钱、重视财富，养成积累财富的习惯，才能使自己的生活更加美好。

2. 财富源于积累

所有的财富都是从一点一滴积累起来的，对小钱不在意，不但无法积累财富，还会让人养成对金钱漠视的习惯。相反，只有对金钱具有爱惜之情，它才会聚集到你身边，你只有尊重它，珍惜它，它才会心甘情愿地“跑”进你的口袋。

北京的杜英峰工作有五年的时间了，从一名普通的职员，慢慢做到公司的中层，薪水也一直稳中有升，月薪已过万元，比上虽然不足，比下仍有余地。虽然昔日的同窗收入未必高过自己，可在家庭资产方面已经把他甩在了后面。随着杜英峰的年龄逐步向 30 岁迈进，他还一直没有成家，父母再也坐不住了。老两口一下子拿出了 30 万元积蓄，让杜英峰把自己的积蓄也拿出来，付了买房首付，早为结婚做打算。可是让杜英峰开不了口的是，自己所有的银行账户加起来，储蓄也没能超过六位数。

其实，杜英峰自己也觉得非常困惑。父母是普通职工，收入并不高，现在也早就退休在家。可是他们不仅把家中管理得井井有条，还存下了不少的积蓄。可是他呢？虽说收入不算少，用钱不算多，可是工作几年下来，竟然与“月光族”“年清族”没有什么两样，就连买房也拿不出钱来供首付。前两年周边的朋友投资股票、基金也赚了不少钱，纷纷动员杜英峰和他们一起投资。杜英峰表面上装作不以为然，其实让他难以启齿的是，自己根本就没有储蓄，又拿什么去投资？

凡是受过债务压迫的人，无不知道金钱的重要性，但是金钱不可能像流水一样，哗的一下都来到你的身边。对于现在的工薪阶层来讲，每个月的工资是非常有限的，要吃穿住行，要娱乐，要交际，钱的确少得可怜。但要获得经济的独立，避免贫穷带来的恐惧，每个月必须拿出一部分钱放在银行账户上。这样长期坚持下去，既可以养成勤俭的习惯，又有了一定的财富做后盾，即使遇到突然的环境变化，也不会惊慌失措，一筹莫展。

加拿大有两位理财专家，特地办了一份报纸，提供具体可行的方法，教人养成节俭的习惯。

其中一位叫尼可森的理财专家说，从20世纪30年代活过来的他那一代，有了东西总是一用再用，能用多久就用多久，实在不能用了才丢掉，而现在却是个随用随丢的社会。至于如何省钱致富，尼可森建议我们：

不妨从薪水中拨出部分存款，5%、10%或25%都可，反正一定要存钱；

多读些有关理财、投资致富的“实用手册”，最好从图书馆借，或从网上下载，这样可以省钱；

生活方式简单，房子不用太大，买二手汽车，到廉价商店、拍卖场等处购物；

买东西时要想想“花这钱值不值得”，便宜货不见得划得来，贵也不一定能保证质量；

绝对要砍价，你不提出，店家不会主动降价卖给你东西等等。

另一位理财专家达希·珍坚持认为节省下来的一块钱，绝对大于你赚进的一块钱。如果你想攒钱，不外乎找更高薪酬的职业和多省点钱两条渠道。

在台湾商界赫赫有名的“威京小沈”沈庆京，拥有数十亿元的资产。这位白手起家的富豪平常不太注意吃穿，就连领带有时候也不打，朋友偶尔批评他的西装款式不新，料子不好，他总是不以为然地回答：“马马虎虎啦！”在他的公司内，如影印纸消耗过多，或电灯没有随手关掉，常会遭到他责骂。

财富源于积累，我们若要想成就一番事业，就先注重积累，养成勤俭的习惯。

3. 记账是一种提醒，要抓大放小

很多人 30 岁以前对理财没有概念，也没想起来要理财。但结婚后，觉得要理财了。理财包含流动性管理、资产管理、债权债务管理、风险管理、投资管理等五大方面。理财，首先得找一个好的理财工具，否则很难完成这个艰巨的任务。网络账本不错，可用它记账。网络账本自动生成全套会计报表和财务分析报告，每天都要审视一下自己的财务状况，看看自己的收支情况、节余情况、财务概况及财务建议等。通过理财，记录了自己的生活，掌控了自己的生活，知道钱花到哪儿去了。坚持记账，因为这和自己的未来生活息息相关，而现在大多数人都不记账，兜里有多少钱花多少，没有计划性，更没有自我监督。记账时要做好分类，越详细越好，这样便于日后定期检查和分析，分析建议以 3 个月为一周期。因此，记账理财可以说是刻不容缓。

出租司机高国鹏，8 年来坚持记录着出租车运营收支账。账本上数字的不断变化，反映出自己生活环境的变迁。8 年来，高国鹏整整记录了两大笔记本，账本除记录每天白 (夜) 班收入、加油费、公里数、累计收入等基本数据外，还记录了该家庭每月支出的情况。与多数出租车实行白、夜班制 (每天 18 时交班) 不同，高国鹏的不同做法是他老婆负责 6 ~ 12 时，他负责 12 ~ 22 时。每天 17 ~ 18 时是下班高峰，但同时也是交班的时间，这导致很多人打不到车，如果充分利用这个时段，就会有很多生意。这些经验都与高国鹏的账本分不开，高国鹏的账本就好比现在的互联网大数据，通过长期分析就能找到省油还挣钱的时间段和路线。

尽管很多人都清楚地知道记账的重要性，但在普通人的家庭生活中，记账的比例却远不如想象中的高，就算一时真的有“雄心壮志”，通常也是“三天捕鱼、两天晒网”，没几天就放弃了。其实记账的意义并非记一两天流水账就能够显现出来，只有至少持续记账两三个月，才能发现自己的开销究竟在哪方面多一些，如穿衣、吃饭、交际应酬等各项费用支出，这样就能清楚看到自己的哪些开支是可以省的，哪些开支可能省不下来，才能够为自己制订更合理的财务计划。然而，仅仅记两三个月的账还是远远不够。消费中的漏洞，就如同网络中攻击计算机的病毒一般，并非在每个月或每个周期中以同样的形态出现，只有随时更新、实施修复，才能保证系统运转的健康安全。只有在持续的记账中，你才会慢慢发现，当记账已经成为一种习惯时，原来一直困扰你挥之不去的那种“麻烦”感，已经被一种称为“理所当然”的惯性所代替，进而，你又会发现，记账其实只是个形式，改变的却是自己对金钱负责的态度。

光是坚持记账只能说成功了一半，另外一半则在于监督和执行。很多人虽然每天在账本上留下“印记”，但这些“印记”依然停留在符号阶段，并没有对此进行监督，在日常消费中照旧我行我素，更不用说发现问题并解决问题这一执行落实的过程。以严格的纪律约束自己，定期检视，并确实执行，才能避免功亏一篑。

不过，有人在记账过程中走进了一个误区，认为记账的唯一目的就是省钱。因此，在每要消费时，想到在账本上即将记上这一笔，在心理上就有了负担。这样的后果是，在消费欲积聚到一定程度时便会爆发。或者，消费欲虽然成功压抑，但是对生活质量造成影响。其实，记账只是一种提醒，不是要我们变得一毛不拔，而是在有计划的“每月盈余”下自由消费。因此，在记账过程中，抓大放小，才是正道。

三、学会赚钱之前先学会花钱

很多人常会感慨地说，为何自己赚 3000 块的时候是月光族，赚 6000 块的时候还是月光族。同样是每月 4000 块，别人的小日子可以过得相当滋润，为什么自己却经常入不敷出。这个时候，不要抱怨自己的收入太低，也不用时刻想着 500 万的头彩能够砸中自己，更不要满身心地期待股票能够再次让自己瞬间发大财，这时候你要学会的是——花钱。

能赚钱是标，会花钱才是本。会花钱，比会赚钱更重要。

张敏是一个普通的上班族，她工作后第一个梦想就是买一台属于自己的电脑。可她上班几年来，在经济状况上一直没有发生好转。

后来，工资总算涨了不少，怎么也算是一个一般的白领阶层了。张敏心想，这回总该能攒下钱买个电脑了吧。可经常到了月底一看，账户上又是空空如也。她想不通，钱都到哪里去了呢？她平时吃喝都很省，衣服也没买过贵的，更没添置什么大件。她的一个朋友帮她分析了一下：她一个月要去最少四次超市，两次服装市场，请三次客，去超市每次都得花至少一百元，买的零食倒是不多，也不贵，其他却都是正在促销虽便宜但用不上的东西；去服装市场买的虽然都是一些样式、质地都很普通的衣服和鞋子，但总是穿一下就不喜欢或是穿几次就坏了，所以，她得经常去买衣服和鞋子；为了省钱，她手头紧的时候经常去朋友家吃饭，但结果是，张敏在她手上有钱的时候花比自己吃饭更多的钱来招待朋友。听朋友这么一分析，张敏恍然大悟，懊悔不已。

像张敏这样的人是省小钱、花大钱的典型，这都是她没有生活计划，只看眼前成本，不看长远成本的结果。

一位刚参加工作的年轻教师，因为工资有限，只好把穿坏了的毛衣拆掉，重新编织一件毛衣，以便省下买新毛衣的钱，为织这件毛衣她花费了整整一个暑假的时间。而另一位老师则利用暑假为一个学前班讲课，假期结束时赚了6000元钱。她用600元买了一件心仪已久的名牌绒衣。还有一个老师，利用暑假办起了一个儿童英语辅导班，赚了10000元钱，她用1000元钱买了一件高档羊毛衫。

有钱谁不会花，可是你就不会花。假如你中了福彩双色球大奖500万元，你想怎样花？500万大奖扣除20%的个人所得税，剩下400万元。在北京，房价一般3万以上的水平，拿300万买100平方米的房不算大吧？装修怎么也得20多万吧，再花60万买辆奥迪A6拉拉风，钱就不多了。这不是关键，关键是养房养车还要大笔钱啊！把钱花到点子上也是一项能力。我们不仅要学会理性消费，还要有计划地花钱。

1. 花钱是为了消费还是投资

在哈佛大学，第一堂经济学课只教两个概念。一是花钱要区分“投资”

行为或“消费”行为；二是每月先储蓄30%的工资，剩下来才进行消费。哈佛教导出来的人，几乎都很富有，并非因为他们是名校出身、收入丰厚，而是哈佛培养了他们的财富行为。

北京的刘辉和张超是本科的同学，在社会工作8年后，积蓄了40万元人民币。6年前，他们都花掉了这40万元。刘辉在通州区贷款购买了一套100平方米的房子。张超去贷款买了一辆“奥迪A4”。6年后的今天，刘辉的房子，市值160万元。张超的二手车，市值只有15万元。两人目前的资产，明显有了很大差异，但他们的收入都一样，而且同样学历，基本具备同样的社会经验，为何大家财富不一样？刘辉花钱买房是“投资”行为——钱其实没有花出去，只是转移在了房子里，以后还是都归自己。张超花钱买车是“消费”行为——钱是花出去的，给了别人，二手车用过10年后，几乎一文不值。车跟房子不一样，房子10年后，说不定已翻了好几番。

老刘下班路过宠物市场，看见有一只泰迪狗十分可爱，于是花600元买了下来，他本来打算带回家自己饲养，结果，刚抱着小狗过马路，就有人问他：“你的狗卖不？”老刘随口说了一句：“卖，800元。”没想到那个人没有还价，当场掏钱，抱着小狗就走了。如果老刘买了小狗以后，把狗抱回家，这个行为属于纯消费。但他随后把狗加价卖掉了，这个行为就成了投资。可见，衡量投资与消费最简单的办法是：现在花出去的钱，未来能不能增值变现。

在生活中，还有更多的例子：

· 甲会花10万人民币去买一幅油画，但不会花10万去买二手车。

· 甲会花 5 万去买人寿保险，但不会花 5 万去欧洲度假。

· 甲会很舍得花钱买书，但不舍得花钱去看电影。

以上哪些是“投资”行为，哪些是“消费”行为，每个人都会有自己的判断。富有的人是“小钱糊涂，大钱聪明”，一般的人是“小钱精明，大钱糊涂”。

有些人收入高，但财富少，原因是他花费在“消费”行为上，上述甲大部分花费在“投资”行为中。花在“投资”行为上的钱，没有落在别人手里，最后还归自己。

在如何赚钱的思路上，富人和穷人有巨大的差异；在金钱的支出和使用上，富人和穷人也有着明显的不同。穷人负债是为了消费，只有付出没有回报；富人负债是为了投资，一分的付出会得到数倍的回报。所以，穷人要想变成富人，最好的办法就是向富人学习，首先不是学习他们如何赚钱，而是学习他们如何花钱，因为不会花钱就不会赚钱。不解决花钱是为了消费还是投资的问题，穷人永远是穷人。

大部分有钱人都是从大学时就开始做兼职，并由此开始储蓄生涯的。与一般大学生为了给恋人送高档情人节礼物才心不甘情不愿地去打短工相比，他们做兼职是为了筹得投资所需的“本钱”。挣钱有时候就像是赛跑，要想参加赛跑，就得有赛跑的资格，比如需要鞋子、体力等，而买鞋、积聚能量的过程实际上就是“储蓄”，向着目标前行的过程就是“投资”。

为了消费而去努力工作，这真的是一件很愚蠢的事情。要想成为富人，就要有为了“投资”而努力工作的思想。很多富豪很早就发现用储蓄攒“种子钱”是一种很不错的手段，同时他们还知道如何做到储蓄与投资并行。他们在明白“钱滚钱、利滚利”这一财富的基本原理方面总是先人一步。

2. 抛弃错误的消费习惯

许多人都持有“能花钱才能挣钱”的观点，所以他们不计后果地进行各种消费，喝一杯上百元的饮料，吃一顿花去半个月工资的大餐。他们却说这是一种生活体验，人活着就应该多见识见识。见识各种类型的消费是没有错，但是一旦这种消费养成习惯，你的生活也就没有保障了。只要人活着，就要有开支来保证正常的生命存在，但是一些花销是可有可无的。打开你的衣柜，看一看是不是有很多衣服你买了就没有穿过几次；打开冰箱，是不是许多天前由于冲动在超市买的东西又忘了吃，变质了要扔掉……仔细想想，你会发现，你天天在花很多冤枉钱。花钱的时候觉得东西不错，但过后真正用上的又有多少呢？所以下次你在购物之前，要先问问自己：

· 这件东西我是真的需要吗？

· 买了它我会用多久？

· 它在我这里真的能实现它的价值吗?

这样多问几个问题，你就会省下许多不必要的花费。

会花钱、会省钱是一种理财的智慧。那些懂得投资理财的人一方面会不断地给自己的小金库注入活水，另一方面会在另一头防止进入小金库的水流走，因为这样才能真正让自己的小金库存得住“水”。

要想提高生活的品质，就需要有决心、毅力，并制订有效的计划，不过欲速则不达，只有点点滴滴地累积才会成为未来可观的财富。因此，我们要抛弃以前错误的消费习惯。

（1）只图方便

很多现代人为了省时和方便，会购买大量的速食产品，或者去便利商店买东西，实际上这些代价也是比较昂贵的。譬如，一袋品牌冷冻水饺的价格，要比同等分量的普通水饺贵二到五倍。便利商店由于他们的货物加成费用比超级市场里的加成费高，所以商品的价格比超市要贵。如果经常光顾便利店，白白花去的钱也会积少成多的。

（2）冲动消费

冲动消费的成本是很高的。假设某人每月会因为冲动消费花掉 200 元，那么一年下来得花 2400 元。当然，我们不反对偶尔慰劳一下自己，但要有节制并且在预算的范围内。如果陪你购物的同伴总是鼓励你去买超过预算的东西，那么，选择自己一个人去购物则是明智之举。

（3）追求身份地位

在很多人的心目中，金钱和占有就等于成功。为了显示自己的成功，追求身份地位的人会去买较贵、较好的东西，通过家里衣柜的大小或者是衣服的品牌标签，来证明他们比别人更成功。从理智消费上来看，这是不可取的。

（4）安慰型消费

安慰型消费者以女性居多。当她们遇到不顺心或者烦恼的事情时，会以花钱作为代价，缓解自己的压力或沮丧的心情。例如，某位妻子在跟丈夫吵架后，跑到最近的购物中心去大肆消费，以作为对丈夫的惩罚，发泄心中的郁闷，而在消费完后，她很可能会后悔自己的这种行为。

（5）东西买得较贵

不作比较就匆匆做出购买决定，买到的东西通常会比较贵。货比三家可以省钱，如果你想要买家用器具，可以先去实体店转转，对产品的外观和性能有一个直观的了解，然后再去网上商城购买，通常会省下一笔可观的费用。

以上是消费者经常会出现的几个错误习惯，我们要吸取以往的经验和教训，坚持将这些错误习惯抛得越远越好。

3. 运用替代效应购物

替代效应是指由于一种商品价格变动而引起商品的相对价格发生变动，从而导致消费者在保持效用不变的条件下，对商品需求量的改变。比如，你在市场买水果，看到苹果降价了，而橙子的价格没有变化，在降价的苹果面前，橙子好像变贵了，这样你往往就会选择买苹果而非橙子。

2008年7月宝洁正式启动了旗下产品的第二轮提价，护舒宝、帮宝适等系列产品涨幅达10%左右，创近年新高。如潘婷200毫升装洗发水，从15元左右涨至约18元；玉兰油400毫升装沐浴乳从21元涨至约24元。联合利华也紧随其后，力士洗发水、香皂、夏士莲香皂、中华牙膏等价格上涨10%～15%。在这种情况下，大多数消费者选择了一些国产品牌作为其替代品。比如，国产的六神、霸王等洗发水、沐浴露，以及雕牌、立白等洗衣粉及皂类。

替代效应在人们的日常生活中无处不在，无时无刻不在起着巨大的作用。人们可以利用这种替代效应，从经济实惠的原则出发，更合理地安排自己的消费，让自己的金钱效用最大化。

人们在护肤、美容、美发产品方面已经不再热衷于迪奥、雅诗兰黛等贵族消费品了。就算那些曾经只要最好不管价格的品牌族们也都开始理性地关注效果出众、价格实惠的产品。人们把这称为“降级消费”。不过，真正说起理性消费，则远不是换换牌子就可以的。

像化妆品，就有很多国内不是很知名但是效果相当出众的，由于没有花费巨额的宣传费用，因此价格较为低廉。还有一些国外品牌在中国都有代理，如果你能直接找到代理商，购买的产品自然就会省去了很多中间费，要便宜很多。一些海关抓获的走私品拍卖，合法又便宜。

当钱不值钱已经成为不争的事实时，很多人也渐渐地接受了。人们的消费观念也都随之而改变了，不少人都意识到没有必要在这个非常时期跟自己的消费能力较劲，于是，很多人也不再执迷于在大型商场和高级超市里购物，而是开始另辟蹊径，拥向了各种商品批发市场、服装尾货市场、折扣店及优价店。而随着市场的日益正规，人们也渐渐对曾经认为商品批发市场就是大杂院的观念有了改变，经过尝试，还渐渐地喜欢上了那种淘宝的乐趣。

比方说北京的天意。这里是小商品的集聚地。箱包、皮带、珠宝、礼品、头饰、服饰、针织内外衣、玩具、袜子、丝巾、泳衣、帽子、手表、小家电、化妆品、不锈钢制品、塑料制品、体育用品等，基本上人们生活中方方面面的日用品应有尽有。这里的建筑风格也令人赏心悦目，墙上遍布着跳动的欢快颜色，很有梦幻的味道。这也让人们感到亲切。这里的小商品不仅是很多商场进货的源头，甚至也是各批发市场的进货源头。不少大型百货公司也都是在这里进货，这在很大程度上为天意这类批发市场做了广告，能以低上好几倍的价格买到商品，既能在有限的预算下购买到合适的商品，又没有降低生活品质，何乐而不为？

四、节俭是穷人成为富翁的武器

中国人民历来崇尚节俭。节俭是一种美德，它不仅是一种个人优良素质的体现，更是中华民族的优良传统。从《朱子家训》到曾国藩家书，不论在哪个朝代，节俭总是被看作持家立业的根本，安邦定国的保证，一种应该代代相传的美德。

经济学理论认为，不论是穷人还是富人，每个人的收入都是有限的，所以他可支配的钱也是有限的，这对一个人就构成了消费预算约束。通俗的说法就是要花钱有度，量入为出。再多的钱，如果没有节制，也会挥霍完的，这样的例子不胜枚举。对于每一个人来说，首要的花费是保证生存。每个人的生存成本都不一样，一日三餐，有人山珍海味，有人食不果腹。一个人在身处窘境的时候，更应该简朴，只要保证有衣穿、有饭吃，就行了。怕就怕在有了一点钱，就想着享受，享受是没有穷尽的，而财富的创造却是艰难的，有限的。

大家或许碰到过这样的事情：好不容易买了一条金项链，于是你不得不继续买高档衣服和皮鞋，要不然戴上就显得不伦不类。好不容易买了一辆私家车，如果吃饭再去马路边的小吃摊就有失身份，所以不得不去讲究一点的饭馆。有好多富人就是这样一步一步走向破产的，何况一般人本来就不宽裕，由此看来，花钱还非得讲究门道不可。

节俭可以让你收入大于支出，除非出现意外，一个人终其一生，完全可以积攒一笔不小的财富。这儿一分钱，那儿一块钱，要是存起来，加上利息，就会不断增加。如果你再懂得合理的理财方式，将存银行的钱换成国债以获取更高的利息，或者投资房地产，有把握的话也可以买股票、做生意，那么，你的财富就会像滚雪球一样增长更快。

因此，我们应该把钱用在最急需的事情上，不要购买那些没有用的东西，哪怕碰到再好再便宜的东西，也不要买。对你来说没有用的东西，占用了资金不说，还会折旧，如果你急需钱想变卖，就成了二手货，有些东西则根本就不能变卖，便成了扔也不是、存也不是的垃圾。除非你运气好，买到的是古董和字画。在急需的事情上花钱，钱的价值才会充分地体现出来。

1. 省下的就是赚下的

有人做了一个调查，钱到底是省出来的还是赚出来的？调查结果，有76%的人认为“钱既要省也要赚”，也就是“既要节流也要开源”。

生活中，虽然大钱是赚出来的，而不是节省出来的，但不懂得省，就不会积累出大钱。对于那些靠固定工资生活，而且没有做任何投资的工薪阶层而言，开源不容易，工资是最主要的收入，所以，在这种收入比较单一的情况下，要积累财富，最重要的一点就是“省”。而让省钱成为一种习惯，一种融入到你血液、融入到你灵魂中的习惯，这对于你的未来，有着深远的意义。

真正会理财的持家者，都懂得开源节流。在一定的收入下，做到“量入为出”，控制好各项日常生活开支。因为日常生活的开支天天需要，如果在这里面做到合理节约，就可以转而变成你的财富，天天增加。

有人会说：“虽然我很想节约，但我不知如何才能节约。”

“我平时从不乱花钱，已经很节约了。”

少花一分钱，就是赚了一分钱。持家省钱的高招绝对可以让你积累更多的财富，提升生活品质，实现人生理想。在当前物价飞涨的背景下，许多市民想方设法将手中有限的钱发挥最大的效用，这也成了很多家庭主妇热议的话题，更有不少人将省钱心得晒到网上：

做饭时，多凉拌，少煎炒，每次可节省煤气 0.1 立方，折价 0.14 元，且凉拌不会破坏蔬菜原有维生素和营养物质。

内衣每两周洗一次，可减少洗衣机的摩擦，每两年可节省内衣一套。袜子？一般不穿，有人问就说是肉色的。

在家不穿鞋，赤脚走路，每三年可节省拖鞋一双。

看电视时不开自己家的，到阳台上用望远镜看对面楼上的，每小时可节省电费 0.05 元，同时可治疗近视眼。

出门一律步行。2 公里以内散步，5 公里以内快走，10 公里以内跑步，10 公里以上跑一段歇一段。省钱的同时，气死那些去健身房的傻瓜。

与朋友出门，将手机设置成振动，如有电话，速找一厕所查看号码，然后以没电为由借朋友手机一用。用完后如朋友面无表情，可再打一长途。

节省费用标准参见中国移动或联通资费标准。

周末无事时，可找一乞丐并蹲在其旁边，如果有路人投币而未中其碗，可速捡之。若乞丐侧目怒视，可告之：“我捡的！”估计每天可收入 1 ～ 3 元。

……

当然，上面讲的有点笑话成分了，不过家庭开支中最需要注意的就是每天必需的日常支出，我们每天都要买菜，如果每天节省下几元钱，一年下来就是一笔非常可观的数目，也许平时你根本不在乎 1 元、2 元钱，但积少成多，将几百个 1 元、2 元钱放在一起，你是不是还不在乎呢？

总之，从今天开始，你要尽可能捂紧你的钱袋子，小心花费。当你看到你周围的人们因为袋中缺少银子而整天愁眉不展的时候，你一定会为自己的努力节流而感到无比骄傲和满足。

2. 省下日常不必要的开支

对于现在的人来说，尽情消费是生活中最幸福的事情。但生活当中，有很多地方用不着这些开销！如果你仔细想想，就会发现有很多省钱的方法，甚至有些地方根本不用花钱。

哪些是不必要的开支？

一些重要的节日，没必要去餐馆吃，你完全可以和家人在家里做一顿丰盛的大餐，既经济又实惠。平时吃饭，也没有必要顿顿下馆子或者叫外卖，完全可以自己动手，不仅能提高厨艺，还能省下不少开销。

朋友过生日，不知道该送些什么，往往选择了很贵的礼物，却未必是朋友所中意的。花了不少钱，也没什么意义。自己亲手做的小糕点、工艺品、卡片等，也完全能让朋友感受到你的心意。

在买衣服的时候，注意更多的有特色可以混搭的衣服，这样的搭配利用率更高，又有新意，与众不同。

出门打车的时候，避开高峰期或者拥堵路段，这样可以减少因为堵车而造成的不必要花费。

买电器时，尽量买节能环保的，它可以让你省下很多电费。

……

以上列举的都是一些细节，每个人的情况都不同。你可以准备好一张纸，将你的花销分为：必要的花销，一定保证充足；可花可不花的花销，尽量少花；不必要的花销，坚决不花。

这方面就是在考验你的自制力了，如果你不能对自己有所控制，你的花销只会猛增而不减！

从现在开始，只要你能控制住那些不必要的花销，就能更好地节省自己的金钱！例如：

列出每月必须支出的各项固定费用，如保险费、电话费、煤气费、学费等，把各种费的缴费日期写在信封上，信封里装有缴费用的存单或储蓄卡或现金。根据以往经验，做适当调整留出当月生活费，将吃饭、交通、杂用的钱分别放入信封。

提前计划大件支出。家里需要添置大件物品时，及早制订计划，多观察比较不同商场的价格。同时每月以此为目标制订一个小笔资金节约计划，一段时间之后，商家搞活动时将已看好的物品买下。

看病吃药是每个家庭必不可少的开支，而且相当可观。现在，平价药房药品价格比一般药房和医院药房的价格低25%左右。虽然有时路跑远了，但腰包少掏了，也值！有时拿着从医院开出的药方，到平价药房购买，一是便宜，二还可先看清药品说明，心里更有底！

用完洗衣机、电视、空调等电器，人离开时要注意拔掉插头，不然电流流通依旧会耗电。

现在一罐煤气动辄上百元，而生活中多处要用到，是一笔不小的开支。如果一天之内，午餐和晚餐都在家里吃，中午可以一次性煮完两顿分量的汤，喝剩的留到晚上热一热喝，比起分两次煮要省很多煤气。

废物回收是常用的理财方式。由于物价高涨，废纸废品的收购价格也水涨船高。提醒大家：平时注意收集废纸废品，说不定能得到很高的回报。

如果有可能，把所有的家电都换成节电型的。

尽量自己做饭，尽量请朋友到家里来吃饭。

不要去超市买菜，去菜场买菜的时候也别穿得太光鲜，不方便，而且会被商贩漫天要价。

让食品柜尽量保持差不多空的状态。你能吃多少呢？浪费食物就是浪费金钱。

别买反季节水果，对身体没好处。

知道什么是最好的护肤品吗？自己煲的汤和自己做的面膜，还有充足的睡眠。

3. 节约理财有哪些窍门

节俭是一种美德，节俭是一句名言，节俭是一种创造财富的手段，节俭是穷人成为富翁的武器。节俭不仅能积累财富，还能培养人的艰苦创业的精神、奋发向上的品质。很难想象，一个挥金如土、贪图享受的“少爷”“小姐”，会成为艰苦创业之栋梁。节俭也是很多富人共同尊崇的美德。

娃哈哈董事长宗庆后，对公司内部的管理无论大小事情，一律亲自把持。公司内部所有的发票都必须经宗庆后签字之后才能生效。一天，大家排着长队去宗庆后的办公室，请宗庆后在发票上签字。一名职员进去没多久，外边的人就听见宗庆后大声说：“什么？买十个扫帚还不去批发？太浪费了！”

宗庆后在做上城区经理时，常常骑着一辆三轮车，从白天到黑夜一个一个学校去送货，为的是节省单位的车费开支。正是一分一厘的积累，才有了今天娃哈哈的大楼、厂房。

也许有人会说，他们都过时了，现在都是21世纪了，他们之所以节俭，是因为以前的苦日子造成的。其实，虽然生活水平比原来高了，但节俭还是丢不得。不少超级华商富豪由贫到富，自始至终都十分节俭。譬如李嘉诚，他从来不讲究衣服和鞋子是什么牌子，一套西服穿十几年是平常事；10双皮鞋有5双是旧的，皮鞋坏了，补好了照样穿；那块永远快10分钟的手表是普普通通而且用了很多年的电子表；赶时间，几块钱一包的饼干也可以当美餐。

人们总想着如何通过理财来增加银行里的存款额，却往往忽视了节约的功效。殊不知，只开源，不节流，一切都是枉然。

那么在生活中应当怎样做到节约呢？以下这些小诀窍也许能给您一些启发：

从收入中提留资金。例如，在获得薪水的第一时间就从中拨出部分款项，5%、10%、25%都可以，这部分提留资金积少成多，会形成一笔可观的财富。

提前做好预算。预算是节约理财的基础，如果不提前做预算，就很可能从一个财政危机陷入另一个经济困境。

弄清楚钱的去向。为此，一定要在个人账本上详细列明预算与支出，才不至于糊里糊涂花光自己的钱。

只买对的，不买贵的。每次购物都应当比较同类货品的价格，在满足自己需求的前提下选择价钱最便宜的物品。

尽量减少购物次数。如果可能的话，最好能够做到每个月只购物一次，这样可以避免很多不必要的花费。

购物一定要有计划。购物切忌盲目，因此每个月都要根据需要制订详细、合理的购物计划，做到心中有数。

提前购买节日物品。为了预防节日商品涨价，每逢重大节日前，都可以提前购买一些节日所需物品，并储备起来。

学会砍价。砍价能够为你省下很多不应该花费的钱，因此不要害怕丢面子，因为你不主动提出的话，店家绝不会主动降价卖给你东西。

不过，需要注意的是，推崇节约理财并不意味着每个人都要成为葛朗台似的“守财奴”。节约不是吝啬，它不会影响我们的生活品质，只是让我们能够摒弃过度奢华烦琐的生活方式，抛却攀比浪费等种种陋习，为我们沉重的心灵减负，让我们享受一种轻松快乐的简单生活。节约的理财习惯不但能够为我们的财富提供保障，更能使我们品味心灵的自由与饱满，这才是节约理财的真谛。

理财实务篇

一、养成储蓄的习惯

清人曹廷栋在《老老恒言》里说："及其老也，戒之在得。财利一关，似难打破。亦念去日已长，来日已短，虽堆金积玉，将安用之？然使恣意耗费，反致奉身匮乏，有待经营，此又最苦事。故储蓄二字，始终不可忘。"

曹廷栋这段话的意思是说：金钱财富似一道"关口"，一般人都好像闯不过去。人到老时，想想岁月已过去很多，未来的日子不多了，这时就是有堆金积玉的财产，又哪用得了呢？但如果财产多了就随意花销，反使得自己连生活都维持不了，又要去想办法挣钱，这将是最苦的事情。因此，储蓄二字，人一生都不可忘记。

曹廷栋讲的是既简单又深刻的人生经验。俗话说："天怕起秋旱，人怕老来贫。"年轻时大手大脚不注意储蓄，到老时就会为手头困窘而懊悔。

储蓄也会有助于预防意外情况发生。无论正利率时代还是负利率时代，储蓄都是投资理财一个不容忽视的选择。

张女士就是个储蓄的坚实拥护者，她的做法是，在负利率时代来临的时候，重新调整了存款期限。张女士表示："虽然负利率时代继续将钱存在银行里，财富面临着贬值的风险，但相对于其他方式，把钱放银行里至少更加省心省力。"

同时，张女士表示："在负利率时代来临的时候，应该把存款的存期适当调短，那样可通过踏准加息节奏来处理闲置资金。"

一般情况下，在负利率时代，存款方式以中短期为主，对于张女士一类的喜好银行存款的人，如果要想让自己的资产保值增值，一定要踏准加息节奏，存款期限不宜超过半年。这样一旦央行在短期内加息，也不会错过加息带来的利益。

在高通胀期，储蓄利率趋势向上调整时，最好选择一年期或短期储蓄；如果紧缩期来临利率向下调整时，适宜选择中长期储蓄，以利于保值增值。

今天，随着经济的发展，物质财富比以往丰富多了。这种情况下，更要养成储蓄的习惯。储蓄是致富的妙方之一，也是事业成功的法宝之一。

当我们检视世界上那些大大小小的成功创业的经验时，都会发现，成功者都有一个良好的习惯，这就是储蓄存款。

1. 储蓄存款是不可缺少的

供职于外企的李晶，月薪6000元，却是一个典型的"月光族"。2000元一条的裤子，她半年要买3条；一件羽绒服就5000多元。只要是喜欢的物品，她从来都不吝惜。她的口头禅是："会赚钱就要会花钱，钱花了还会赚回来。还年轻，没必要存钱。"她在2015年春节前突遇公司裁员，从来没想到会失业的她失业了，生活一下子陷入窘境。她懊恼不已："早知道生活会突遇如此变故，我早该合理理财，而不是一味消费。以后不管月薪多少，我都要理财，让自己的生活有保障。”只有每月挤出点小钱去赚大钱，你的潇洒生活才可能持续发展。收入再少，也不能做“月光族”。

据巴菲特的投资经验来看，储蓄应该注意以下几点：

首先要弄清该不该储蓄，不要让可以增值的资本闲置。从资金时间价值即机会成本的角度来看，应该让金钱流动起来，运转起来，最大可能地让你的钱增值。有多少钱都放在家里，但求心中踏实，那肯定是错误的；为求安全把钱全部存入银行保值而不敢把它投入市场盈利，今天看来也不可取。

但是究竟我们还要不要储蓄呢？或者说在什么情况下应该储蓄呢？这完全应根据自身情况来决定该不该储蓄。片面地反对储蓄，同样是不明智的。

其次，储蓄可以增加成功的机会。香港某企业青年雇员陈先生，他从进公司时起，就养成了良好的储蓄习惯，几年下来，已有几十万元的存款。随着经济的发展，信息交流越来越重要。陈先生看准市场，毅然辞去外企工作，租了两间房屋，购置两台电脑，搞起了小型信息服务中心。两年下来，他竟获利 50 万元，公司也由当初的两个人增加到十几个人。

储蓄越早开始越好。如果你现在 18 或 20 岁，还住在家里，那么现在就是储蓄的最好时机。只有这个时候，你的支出最少。即使你必须有所“支出”，但这和你搬出去住以后的开销相比，算很少了。这种机会不会再来，所以要尽可能地储蓄。

要养成储蓄的习惯。一个人或一个家庭能坚持养成储蓄的习惯也不是一件容易的事情。这里讲的储蓄方式不是先花钱，再储蓄，而是一种“强迫储蓄”的方式，也就是每个月固定拨出一部分钱存起来。只有这样才能做到真正意义上的储蓄。

对于一个想要发财的人来说，储蓄的习惯是非常重要的。如果平日大手大脚，花钱没有节制，那到了真正需要现款来把握投资机会时，就会束手无策，眼睁睁看着机会让有存款的人抓走。洛克菲勒若不是有长期储蓄的现款作为后盾，就无法同竞买对手比价，从而买下炼油厂。如果没有炼油厂，亿万富翁的洛克菲勒也就很难出现。

如果你现在已经意识到储蓄的重要性，就要立即行动起来，你将逐步走上成功之路。把你固定收入按比例存到银行，哪怕每天只存一元钱，重要的是坚持每一天。不久后，你就将体会到储蓄的乐趣。

2. 只有储蓄才能有备无患

托马斯·利普顿爵士说：“成功者大都有储蓄的好习惯。任何好朋友们对他的援助、鼓励，都比不上一个薄薄的小存折。唯有储蓄，才是一个人成功的基础，才具有使人自立的力量。储蓄能够使一个年轻人站稳脚跟，能使他鼓起巨大的勇气，振作全部的精神，拿出全部的力量，来达到成功的目标。如果每个年轻人都有储蓄的习惯，世界上真不知要少多少个伤天害理的人。”

美国巨富约翰·阿斯特在晚年说，如今他赚100万美元并不比以前赚100美元难。但是，如果没有当初的100美元，也许他早已饿死在贫民窟里了。

许多人只因为用钱没有计划性，一点也不算计一下，所以，就在不知不觉中使大量的钱财无谓地从指缝间流走了。

有许多年轻人习惯于把所有的钱都带在身边，这样往往就造成了他们随时随地胡乱挥霍，毫无节制。固然，钱存在银行里以后，要用起来就没有带在身边那样方便，但这种做法太不明智了，因为习惯把钱放在身边的人往往在用钱方面会失去控制。

很多年轻人在结婚之初就负担了不必要的债务，而且，从来不曾想到要设法摆脱这笔负担。在婚姻的新奇味道开始消退之后，小夫妇将开始感受到物质匮乏的压力，这种感觉不断扩大，经常导致夫妻彼此公开相互指责，最后终于走上法庭离婚。

一个人要是负了债，而又想要克服对贫穷的恐惧，则他必须采取两项十分明确的步骤：第一，停止借钱购物的习惯；第二，立即逐步还清原有的债务。

在没有了债务的忧虑之后，你才可改变你的意识习惯，把你的努力路线重新引向成功之路。养成把你的收入按固定比例存起来的习惯，即使只是每天存一毛钱也可以，同时，还要把它当作你主要目标中的一部分。很快，这个习惯将控制住你的意识，你将获得储蓄的乐趣。

存款的习惯还有一个好处，就是在你需要向别人借款时，你的存款习惯会帮助你。许多生意人不会轻易把他们的钱交给他人处理，除非他看到此人有能力照料他的钱，并能妥善加以运用。摩根就说过：他宁愿贷款100万元给一个品德良好且已养成储蓄习惯的人，而不愿贷款1000元给一个没有品德及只知花钱的人。洛克菲勒在发展石油事业中，也因急需资金需要借款。他的存款习惯证明他能够维护其他人的资金，这样，他便不费力地借到了他所需要的资金。

3. 利用储蓄增加收益

由于股市的低迷，风险性的加大，越来越多的理财者对其缺乏安全感，于是开始将钱存到银行里。但要科学安排，就不是说说那么简单了。怎样利用储蓄增加收益呢？这就要看你能不能找到提高储蓄收益的“小门道”了。

（1）合理的储种

当前，银行开办了很多储蓄品种，你应当在其中选择不容易受或不受降息影响的品种。如定期储蓄的利率在存期内一般不会变动，只要储户不提前支取，就能保证储户的利益。

（2）适当的存期

存期在储蓄中起着极重要的作用，选择适当的存期十分必要。在经济发展稳定，通货膨胀率较低的情况下，可以选择长期储蓄。因为长期的利率较高，收益相对较大。不过，目前我国国内的通货膨胀率相对较高，存期最好选择中短期的，流动性较强，可以及时调整，以避免造成不必要的损失。

（3）其他技巧

首先，储蓄不宜太集中。存款的金额和期限，不宜太集中。因为急用时，你可能拿不到钱。可以在每个月拿一部分钱来存定期。如此，从第一笔存款到期后的每个月，你都将有一笔钱到期。

其次，搭配合理的储蓄组合。储蓄也可看成一种投资方式，选择最合理的存款组合。存款应以定期为主，其他为辅，少量活期。因为相比较而言，定期储蓄的利率要比其他方式都高。

最后，巧用储蓄中的“复合”利率。所谓银行的“复合”利率，就是指存本取息储蓄和零存整取储蓄结合而形成的利率，其效果接近复合利率。具体就是将现金先以存本取息方式储蓄，等到期后，把利息取出，用它再开一个零存整取的账户。这样两种储蓄都有利息可用。

二、找到储蓄的窍门

储蓄和投资是完全不同的两种理财理念，储蓄仅仅能获得平均的无风险的时间价值的报酬，而投资可以获得超过时间价值的风险报酬，可以获得更多的超过平均收益水平的价值。当然，可能为此要承担风险，但是，从总体上来说，把钱存入银行不如用来投资更能赚钱。

储蓄的目的是为了积累财富，所以最好不要轻易动用存款，基于这种考虑，以存定期为最好，活期存款是为了家庭应急用的，存上 3 ～ 6 个月的生活费用就行了，其余存定期。

另外，到银行去存钱，存得是否得当，这里面也大有学问。例如存定期与买国债每年有一个百分点的存款利率差价，有些人就不太动脑子去考虑这个问题。如果每个月以复利计算之下，10 万元的存款，4 年后就会相差 6000 元左右的利息，当然存款金额愈大，差额也就愈大。

养成储蓄的习惯，并不表示将会限制你的赚钱能力。正好相反，当你应用这项法则后，不仅能把你所赚的钱有系统地保存下来并让钱生钱，而且还会使你获得自信心，为将来的发展做好金钱上的准备。

储蓄是有很多窍门的，同样多的钱，存的方法不一样，获得的收益也会不一样。比如，你有5万元以上的资金，并且你这笔钱随时都可能用，不能存成定期，如果你直接拿去银行存活期，虽然用时支取比较方便，但也只能获得活期的利息，万一存的时间较长呢，三个月、半年甚至一年，不是就会损失掉很多利息吗？这时你可以选择起存金额5万元的"通知存款"业务。拿建行来说，"个人1天通知存款"，目前年利率为1.08%，可以自动转存，不用考虑利息税，这样你的利息收益将比活期存款高50%；而"7天通知存款"年利率为1.62%，可自动转存，不用考虑利息税，你的利息收益将比活期存款高125%。

还有一种存钱的办法，让本金生息的同时，让利息也同时生利息。这种办法是将存本取息与零存整取两种储蓄方法组合使用。比如你有2万元，你先将本金存入存本取息账户，1个月后，取出该月的利息，再开设一个零存整取账户，然后每月将存本取息的利息存入零存整取的账户。这样存本取息的利息，在存入零存整取的账户后又获得了新的利息。

1. 不要信银行"理财师"

在大多数银行内，都长期驻扎着这样一批来自证券和保险公司的业务人员，他们对银行业务也比较熟悉，比如开户、转账或其他业务，都能给予正确解答，协助银行工作人员进行多方面的工作。有些小银行没有理财经理，那些理财师的工作便由他们"承包"了下来，他们在向客户倾力推荐理财产品时，往往不是保险就是基金，真正的银行理财产品并不是他们负责的。

这样的行为并不违法，因为银行、证券公司、保险公司都是利益的共同体。从产品上来说，他们共同开发或推出一个新产品时，相互之间会有一个协议，另一方就会根据协议派一些业务人员到银行来销售。这些热情的业务人员之所以热情服务，是在利用引导客户的机会推销自己的产品，而银行自己也有营销这些产品的任务，所以双方就需要这样的合作。

2015 年 7 月份的时候，汪蔷在附近银行的一个营业网点存钱，拿号等候期间和银行大厅里的工作人员聊了一下现在的股市行情。那位自称是理财师的人向她推荐了一款理财产品，她听着觉得还不错，又看了对方拿出来的从 1 到 6 月份的收益表，这款产品的高收益实在让人眼馋，而且对方说，如果现在买这款产品的话，还能附赠一份保险。在对方几乎要拍着胸脯表示肯定能赚的情况下，汪蔷就把准备存进银行的那部分钱用来买此款产品了。

在签合同时，那位理财师让汪蔷先签一份带有“保险合同号”的合同，产品的合同三天之后会给汪蔷寄过去。汪蔷没有过多怀疑，存了钱便回去了。结果三天后拿到寄过来的合同时才发现，那天在银行签订的就是所谓的“理财产品”，而这款“理财产品”其实是一份不保本的保险！保险虽然可以理财，但绝对违背了她当初的意愿。汪蔷非常气愤，炒股亏损也就罢了，那是自己操作不当，市场的涨落还是可以接受的，但被所谓的理财师给忽悠一把，就相当恼火了，说是送保险，实际就是骗人投保！

这样的“理财师”着实让人汗颜。其实给汪蔷推荐理财产品的那位“理财师”根本就不是银行的工作人员，而是保险公司的一名销售人员。但他们的制服都一模一样，从外表上看完全分辨不出来，在他推荐产品给汪蔷时，也没有提到这是一份保险，更没有提到这是一份不保本且有风险的保险。

现在银行理财产品真可谓花样百出，许多人在买的时候根本都不清楚自己买的到底是什么。有些挂着“银行保险客户经理”“银行理财规划师”头衔的人其实是保险业务人员，虽然保险是银行代理的一种业务，但主体还属于保险公司，如果保险公司出什么问题的话，银行是不会插手负任何责任的。

骑着白马的不一定是王子，挥着翅膀的不一定是天使；而在银行网点穿着工作服、挂着工作牌的，也不一定是银行的理财师。别不信，这年头就是这么邪乎，银行大厅那些热情周到的工作人员，很可能就是位名副其实的“忽悠大师”。业务人员与理财师之间当然是有差距的，半桶水的业务人员很容易给客户造成误导，所以如果真打算买银行的理财产品的话，还是要自己仔细研究，不要轻信那些冒牌“理财师”的话。

2. 储蓄不应过多

如今，人们在理财时首选的方式便是储蓄，这很好，但有一点必须注意，即储蓄不应过多。许多人认为钱存在银行安全可靠且能赚取利息，但事实上，利率一再下调，储蓄已变成微利。之所以还有那么多人选择储蓄为首选理财方式，其主要目的是为了安全，但我们必须认识到：将大量的资金存在银行短期是最安全，但长期却是最危险的理财方式。正因为太多的人将全部余钱存入银行，所以多数人都不富有。

储蓄是对的，但只要将全部余钱的1/3存入银行即可，其余应用于投资，这样你的资金才会越来越多。我们可以采用以下存钱方法：

（1）阶梯存钱法

阶梯存钱法是指将资金分成若干份，分别存在不同的账户里或同一账户里，设定不同存期的储蓄方法。存款期限最好是逐年递增的。这种方法既可获取高息，又不影响资金的灵活使用。

（2）月月储蓄法

又称 12 张存单法。这种方法是阶梯存钱法的延伸和拓展，不仅能够很好地聚集资金，又能最大限度地发挥储蓄的灵活性，即使急需用钱，也不会有太大的利息损失。月月储蓄法的好处就在于，从第二年起每个月都会有一张存款单到期供你备用，如果不用则加上新存的钱，继续做定期。既能比较灵活地使用存款，又能得到定期的存款利息，是一个两全其美的做法。

（3）利滚利存款法

这是存本取息储蓄和零存整取储蓄有机结合的一种储蓄方法。具体操作方法是：如果你有一笔 50000 元的存款，可以考虑把这 50000 元用存本取息方法存入，在一个月后取出存本取息储蓄中的利息，把这一个月的利息再开一个零存整取的账户，以后每月把存本取息账户中的利息取出并存入零存整取的账户，这样做的好处就是能获得二次利息，即存本取息的利息在零存整取中又获得利息。不怕多跑银行的储户，可以试试这个方法，只要长期坚持，也会有不错的回报。

（4）约定转存法

除去各种开销，每月工资剩余部分是否在工资卡里按照活期利率存入银行？有些人会在金额累积到一定数额后去银行办一张定期存单，但排队等候很麻烦。而银行推出的自动约定转存服务，也就是约定活期存款账户自动互转，可以让工资卡里的闲钱享受更高的利率。约定定期存款的期限分 3 个月和 1 年两个档次，储户可选择其一。

3. 存款技巧面面观

在正利率时代，虽然还有很多其他的投资理财途径可选择，但是真正擅长和精通于其他理财方式的人毕竟只是少数，把钱老老实实存银行，至少不会亏本。所以，出于安全的考虑，在正利率时代把钱存进银行往往是大多数人的第一选择。

然而，即使是看似简单地把钱存到银行里，其实里面也是大有学问的，因为多种多样的选择摆在你面前，不同的选择意味着你的收益和风险大小各不相同。那么，你又如何知道各种存款方式的差别和秘密呢？

目前，银行一般的人民币存款方式有活期存款、定期存款、零存整取、定活两便、协定存款、通知存款等等。

大家在选择将钱存进银行的时候，不妨先根据自身实际情况，制订好最适合自己的存款计划，这样就能有效地在保证资金流周转充裕的情况下，保证拿到最大的收益，从而最大限度地实现自身财产的保值甚至增值，何乐而不为呢？

老潘是铁杆的存款一族，而且比较倾向于长期存款，除此之外，既不问股票也不看基金。然而，由于老潘生意上资金的周转比较频繁，因此，老潘特意制订了自己的一套存款方案。老潘手头上一般有闲余资金，他会将那部分资金化整为零，拆分为若干单位，按照事先设定的不同的到期日，存进银行。这样做，既可以保证资金的流动无恙，同时又能获得比活期高的利息。

老潘最后还办理了自动转存服务，避免了存款到期后不能及时转存损失利息。其实，老潘这种做法等于是将定期当活期用了，这样一来，使得存款能享受到几倍于活期利率的定期利率，得到高收益的同时，还兼顾了资金的灵活周转需求，可谓一举两得。

实际上，定期存款除了老潘常用的“整存整取”，还有很多其他不同的方案组合。

譬如，假设你手头有一些短期闲置的资金，具体使用日期又不明确，那么利率相对较高的“定活两便”储蓄方式是一个不错的选择。

定活两便储蓄是指在存款时不确定存期，可以随时支取，利率随存期长短而变动的存款，以人民币 5 万元以上金额起存，多存不限。存期大于两个月而不满三个月的，利息按当日的活期利率计算，存期超过三个月而不满半年的，则以三个月定期存款利率的 60% 计算，其他日期以此类推。

假定活期存款年利率仅为 0.35%，三个月、六个月定期存款利率分别为 2.60% 和 2.80%，以 60% 利息系数计算下来，如果资金闲置超过三个月，选择定活两便存款方式的收益将比活期合算得多。

在这种条件下，如果你手中有长期不用的闲钱，可以存两年至三年定期存款。因为当前的利率很有可能已经是高位或者接近高位，在未来，利率有进入下降通道的预期，相对来说，明显目前这个利率更具吸引力，收益也就更大。

必须注意的是，存定期也要有适当的技巧，特别是选择存比较长时间的定期的话，最好在存款前先充分考虑家庭资金的流动情况，并以此来选择定期存款的期限，提高资金的灵活性。

例如，你手上只有 5 万元余钱，考虑到未来的时间有可能会突然出现需要资金周转的情况，我们可以选择“3 万元定期 +2 万元活期”的搭配，而 3 万元定期可分别存一、二、三年期，到期的 1 万元再存为三年，这样每个存单都是三年期，可以获得更高的利息收益。

如果你的资金不急用，则可以考虑把存款分作几份来存不同期限的定期。例如，把 5 万元分成 3 份去存，其中 1 万元一年期，2 万元二年期，2 万元三年期。

这样能使你在保证收益较大的同时，还能有效地增加你个人资产的流动性，使你在需要资金周转的时候不至于一筹莫展。

归根结底，我们选择各种各样的存款方式组合，最终目标都是为了实现存款收益最大化。要想实现存款收益最大化，基本都可以归结为以下四点：

（1）因需选择期限，巧妙排定金额

很多人认为定期储蓄存单越少越方便保管，在投资定期储蓄存款时喜欢把存款都存成大存单。其实，这种做法不利于理财，一旦遇到急事，即使再小的金额，自己也需要动用大存单，这样一来就损失了应得的利息。为避免这种不必要的损失，储蓄时尽量把存款的金额巧妙排开。无论自己提前支取多少金额，利息损失都会降到最低。

（2）约定“自动续存”，利息有保证

如果大家在定期存款到期后不去银行进行续存的话，银行对储蓄超期部分就会按活期利率计算利息，势必损失利息收入。如果存款金额更大一些、逾期时间更长的话，蒙受的利息损失就更大。

为避免这些不必要的损失，定期储蓄时，储户应该与银行约定“自动续存”，银行对自动续（转）存的储蓄存款以转存日的利率为计息依据，续存时都会把原来储蓄存款的本和利都按约定续（转）成定期储蓄存款，这样既可避免到期后忘记转存而造成不必要的利息损失，又可省去奔波银行的劳苦。如果遇到降息，自动续存方式也可保证定期储蓄存款到期后储户的利益。一旦及时给予自动转存，而该笔储蓄存款期限又较长、金额又较大，就会为储户带来非常可观的收益。

（3）工资卡活用约定转存

工资卡里的钱都是活期存款，目前活期存款的年利息为0.5%，低利息收益相当于让活期存款在工资卡里睡大觉，想赚定期利息，可从办理工资卡的约定转存开始。如果想开通约定转存服务，只需凭工资卡和身份证，到银行柜台设定一个转存点即可。这样，活期账户里的资金便会自动划转到定期账户。

（4）“存款”选“定投”，消费储蓄两不误

如果你手中掌握的是长期的持续现金流，则可以试试“存款定投”。其中，“十二存单法”和“阶梯存款法”都是不错的理财方式。

“十二存单法”是将每月工资的10%—15%存入一年定期，每月都这么做，一年下来就有12笔一年期定期存款。那么从第二年起，每个月都会有一笔定期存款到期。如果到期的存款暂时不用，则可以加上新的存款继续做定期。这样能保证手头上既有活钱用，又能享受到定期存款的利息。

“阶梯存款法”则适合已有一笔固定资金的投资者。例如，一笔10万元的资金，将其均分为5份，按1、2、3、4、5年的期限存5份定期存款。第一年过后，把到期的1年定期存单续存并改为5年定期；第二年过后，则把到期的2年定期存单续存并改为5年定期。以此类推，5年后，5张存单都会变成5年定期存单，但每年都会有一张存单到期，并且都能享受5年定期的高利率。

三、保险可以转换风险

据传说，5000 多年前的一天正午，一支横越埃及沙漠的骆驼商队正艰难地在沙丘间跋涉。酷热的太阳烘烤着毫无遮掩的沙漠，仿佛要把一切生命烤干，一只粗糙的水壶在商人间传递。突然，天空一下子变暗，乌云像横泻的浊浪在天空中翻滚，一场大风暴要降临了。商人们顾不得骆驼了，拼命地往沙丘高处爬去。风暴过后，在原来他们舍弃骆驼和货物之处已经堆起了几座新沙丘，30 只骆驼只有 8 只跑得快的幸免于难，其余的都被埋在沙丘中了。要是在从前，损失货物、骆驼的商人就要面临着破产了，但这次的情况有些不同，因为商队在出发前，精明的商队领队就将商人们召集到一块，通过了一个共同承担风险的互助共济办法。这个办法规定，如果旅途中有商人的货物、骆驼遇到不测而损失或死亡，由未受损的商人从其获利中拿出一部分来分摊救济受难者。如果大家都平安，则从每个人的获利中提取一部分留存，作为下次运输补充损失的资金。由于有了这个约定，这次损失事故没有在商队中造成太大的波动，因为全商队还有 8 只骆驼和它们所载的货物，贸易所得的利润分摊下去，至少可以使商人们购置新的骆驼，以求东山再起。这种互助共济法，经过后来不断地完善后，被收入到汉谟拉比法典中。

保险是人们为了对付由意外事件(如疾病、事故和其他可能的不幸)引起的财务风险而购买的安全性。人们向保险公司支付保险费，换回一个承诺，即如果所保险的事件发生，保险公司将进行赔偿。保险并没有消灭风险，而是转换了风险。风险原来由投保人自己承担，现在由保险公司承担。通俗地讲，其实“保险”就是“互助”，互相帮助解决经济上的困难。保险公司就是提供了一个许多人互助的平台。

现代人从刚出生开始，就会有相关的保险项目适用。我们买车，需要购买车险；我们养老，需要养老保险；我们上学，有助学保险。有人说我不买车，也不主动购买任何保险，总算和保险扯不上关系了吧？其实这种想法是错的，保险在生活中无处不在，例如在你出行的时候你所付给公交公司、客运公司的车票钱，其中就包含了一定数额的保险金。所以说，保险影响到了我们生活的方方面面，是我们现代人不能够回避的。

保险公司在十几年前还是作为一个新鲜事物出现在我们大众的面前，但是经过十多年的发展，保险公司已经成为我们生活中习以为常的事物。其实，保险简单来讲就是一个融资的机构。与其他融资机构不同的是，保险融资的主要目的是帮助那些出现困难的投资人渡过难关。随着保险行业的发展，保险市场逐渐从无到有，从小到大，并且成为一个金融市场的重要组成部分。

1. 有钱人为什么买保险

王永庆很有钱，李嘉诚很有钱，甚至于已经富裕到自己都可以开保险公司了，但为什么他们都买了大量的人寿保险呢？他们不需要用保险来解决医疗、养老之类的事情，他们完全可以通过别的方式做出安排。这是因为他们需要风险转移、资产保全等等。

保险是理财不是投资，真正的理财是如何安排赚到的钱，而投资则是解决如何赚钱。

普通人买保险是为了把风险转嫁给保险公司，因为他们不能承受风险带来的财富损失；而富人虽然可以用自己的钱来承担风险带来的损失，但对他们来说，保险的意义在于，把辛苦赚到的钱、打拼下的江山安全地保留下来。

现在很富有，未来却不一定富有。财富只是一时数字的积累，而保险却能通过法律的形式把财富移植到将来。

对于富有的家庭来说，祖孙三代是不能坐同一架飞机的。为什么呢？因为大量财产的所有人和受益人同在一架飞机上，这就是风险管理的极大漏洞。与此相似的另一个例子是，在海外，有两票投票权的董事不能在同一架飞机上，因为两票权失去就可能导致整个企业结构的变化。这就是风险管理的重要性。

买保险的富人说："我考虑更多的是风险投资，一旦发生风险，家人、事业怎么安排？还包括一些未了的事情，我必须有一大笔钱做安排。不出意外一定可以赚钱，这是一种自信；但是一旦出了人身风险，必须把风险变成收益。所以我实际上把买保险当成一种被动的风险投资，用风险来赚钱。"

保险对于富人来说，还是很好的资产保全工具。什么叫资产保全工具？举例来说：黄金十年后能增值多少，谁也不敢说，但有黄金在手，心里就会比较踏实。再比如房地产，有房子也让人心里踏实，尽管现在不是一笔钱，但那是一项资产。保险也一样，是资产保全的工具。有了这些东西，面对未来的不可预测，就不会感到惶惑不安，心里就会踏实一些。

2. 购买保险有什么意义

人一生面临的问题是多种多样而又各不相同的，而保险将为你免除后顾之忧，提供一份幸福生活的保障。此外，保险对于理财也有非常重要的意义，能够有效保护你的财产，帮你建立安定的人生，使你赢得创业的时间，体现生命的尊严和价值。

具体来说，保险的意义体现在以下五个方面：

（1）为我们的人生提供可靠的保障

保障人们因意外事故造成损害时，可避免让自己及依靠自己生活的家人陷入绝境，因而能够起到防患于未然的作用。

（2）帮助我们形成储蓄的习惯

储蓄的根本目的就是要获得某种程度的保障，而长期储蓄需要很强的意志力，容易半途而废。但是在缴纳保险费的压力下，就会带动起半强制下的类似储蓄行为，帮助你树立起坚强的意志力来完成自己的保障。另外，保险险种强烈的特指功用，可以帮助你做到专款专用，每一个当初储蓄的设想都得到落实。无形之中，保险会成为你的家庭财务顾问和分配管理师。

（3）保险可以作为一种良好的投资

许多人对保险不感兴趣，认为保险的收益太低，他们宁可把资金投在相对风险较高的股票、债券等项目上。其实，真正懂得投资的人都知道：

不要把鸡蛋放在同一个篮子里。他们经常会把资金四等分，平均投资在股票、债券、房地产和保险上。当前面三项获得高收益时，保险正好帮助他们节税；当前面三项遭遇失败时，保险却能及时保障他们的生活来源，或提供他们东山再起的资金。这正体现出保险是一种特殊的投资："平时当存钱，有事不缺钱，万一领取救命钱。"

（4）使我们的老年生活得到保障

自我国实行独生子女政策以来，家庭结构变成了"4：2：1"型，即一对夫妻要养四个老人和一个孩子，除自己外，人均负担2.5人的生活费用，这显然是无力承担的一副重担，"养儿防老"的观念早已过时。想在晚年过上安康生活，只有靠自己未雨绸缪，早早做好保险规划，这是社会进步的大势所趋。

（5）作为子女教育基金

子女的成长，无可避免需要教育金。如果不在孩子儿时一点一滴提留这笔基金，就势必要在某一时期一次性大笔支出。而保险可以帮你把这笔费用分摊成十年或更长时间交纳，这笔保险费的支出并非保险本身，而是教育本身。

在目前通胀情况下，我们更应该信任保险，让其发挥更大的效用来为我们服务。在金融危机情况下，我们该如何做，才能让保险更好地为我们服务呢？

（1）了解自己到底有多少保险

事实上，很多人并不知道自己到底上了多少份保险，也不知道这些保险具体的价值，因此，在通胀情况下，不妨先盘点盘点自己的保险仓库，看看自己需不需要再买。要盘点自己的保险，应先去自己公司的人力资源部，了解自己的保险情况到底是怎样的；然后，再回家问问自己的家人，看看自己的家人帮自己买了多少商业保险，如果自己已有许多保险，可以考虑此时不再购买。

（2）明白哪些保险是不应该买的

在通胀这种情况下，那些价格太贵的保险不应该买。一般来讲，这种保险是将几种保险打包出售，再加上投资功能掩盖其昂贵的价格，在资金紧张时，买此种保险无异于雪上加霜。比如前几年推出的房贷寿险，对保险人的保额与房贷挂钩，按揭贷款20万元，贷款期限20年，如果选择一份10万元保额，保障期20年的保单，则年交保费4690元。这个保险其实受益最大的是贷款银行，因为如果贷款人出现意外，所获得的保额要用以缴纳对银行的欠款。而且如果把这个保险分解，分别购买定期寿险和意外保险肯定用不着这么昂贵的价格。可见，我们在买保险时，一定要明白哪些保险可以买，哪些保险不可以。

那些投资功能过重，保险功能太弱的险种，赔付金额根本不能对投保人起到什么作用，而另一方面其投资收益又很低。还有的保险由于风险概率太小，对一般人来讲根本没有必要花钱去买它，比如特殊疾病的医疗保险，这些险种在金融危机的情况下，最好不要买。

（3）买保险时，投资保险的比例要选择好

投资型保险和其他投资相比存在着投资收益偏低，而全流动性也较差的特点。不过有时候缺点也许就是最大的优点。因为投资者自身是难以控制自己执行投资储蓄纪律的，所以投资保险的强制性，要求投资储蓄，从而让投资者保持长期储蓄、长期投资的习惯，而保险公司的投资收益虽然比较低，但是一旦承诺就不会有变化，用这种稳定的低收益也可以平衡普通股市的高波动性。

投资保险的安全性也较高，超过了除国债以外的其他投资。因此，我们在投资时，不妨也考虑一下投资保险。当然，在购买时一定要选择好比例，不宜购买过多。

3. 选择最合适的保险公司

孙文香是石家庄人，她头脑灵活，对理财问题特别感兴趣。上大学的时候，孙文香就接触到了保险，当时她最感兴趣的不是保险本身，而是如何赚钱。毕业后，孙文香在一家大型企业工作，因为公司为她购买了平安团体险种，包括生育险以及社会保险，所以，生病和意外可能导致的状况几乎不在她的考虑之列。但是她老公的情况却让孙文香担心不已，她老公在私营企业工作，几乎没有任何的保险，生活的压力很大，责任也多，孙文香一直想给丈夫购买合适的保险。

可是选择哪家保险公司，怎么选择代理人和合适的险种呢？孙文香一时没了主意，她开始频繁去中国人寿、平安人寿、友邦人寿、新华人寿等保险公司的网站搜索，“恶补”保险知识和有关专业术语以及条款，甚至连细微的价格差异也不放过，但始终没能做出决定。到了她老公生日那天，孙文香送了一份大礼给丈夫：一系列组合险种。她丈夫很高兴，也为这份大礼感受到了孙文香的情意。

随着人们生活水平的提高，人们越来越认识到让自己和家庭拥有安全和保障是建立健康、幸福、美满新生活的前提。越来越多的人开始喜欢把钱花费在保险支出上，让保险做自己生活的“保障器”。但是，保险公司众多，适合的险种也非常繁多，对于消费者而言，怎样选择最合适的保险公司，为自己谋取最多的福利呢？

为此，消费者可以遵循以下原则：

（1）考察公司实力

要选择具备足够偿付能力的公司，这样才能保证在发生保险事故的情况下，有足够的资金向被保险人支付保险金。一般情况下，公司的资本金和准备金越大，偿付能力越强；股东实力越强越能保证公司的偿付。还要看该公司的偿付历史记录，也就是该公司在历史上是否发生过难以偿付保险金的事件。

（2）研究产品细节

应当选择为客户量身打造的人性化产品。由于不同的保险公司，同样产品的价格可能不同，同样价格的保费保障的范围、保障的时间也会有所不同，投保时要看清楚这些细节。特别要注意不赔的范围，应当选择不赔范围小的保险公司。

（3）注意理赔质量

理赔质量的好坏直接反映出一家保险公司的信誉。好的保险公司理赔时比较方便，也比较快，客户只需要收集相关材料，具体的事情代理人会帮忙完成；不好的保险公司理赔起来拖拖拉拉，非常烦琐，让客户“跑断腿”。对于一家公司的理赔质量，消费者可以向保险公司管理部门咨询，也可以从保险代理人那里获取保险公司过去的理赔记录，或者向投保该公司的朋友打听。

四、避开保险的误区

21世纪的今天，我们要会创造财富，更要学会理财，而保险，正是理财中的一个重要环节。但很多人对保险却没有一个正确的认识，容易进入购买保险的误区。

误区之一：寿险产品大部分是被保险人死后或快死时才能得到的保险，所以保了也没用。

事实上，保险保障的不是疾病或死亡，而是在发生不幸时的资金财务。目前的寿险产品有终身寿险、养老保险和大病、住院医疗等健康保险。终身寿险是在被保险人死亡、全残时，受益人可领取一笔保险金。而养老寿险则是除了保险期间有死亡或全残的保障外，在满期时，还有一笔满期金可以作为被保险人的养老金。健康险产品的保障功能更强，是在被保险人患病时由保险公司支付医疗费用或保险金，“雪中送炭”的意味非常明显。

误区之二：社保足够用了，没有必要花钱购买商业保险。

其实社保的保障作用是有限的，它还是需要个人负担一定比例的医疗费用。一般重大疾病的治疗费用少则几万，多达几十万，而社会医疗保险在统筹基金的应用上通常规定了最高支付限额，在药品的应用等方面也有一定的限制。因此，治疗费用的自费部分需要商业医疗保险进行必要的补充；如果购买住院补贴类商业医疗保险，可用一定金额的住院补贴来弥补社会医疗保险费用报销的不足部分。目前，不少保险公司推出的重大疾病保险都是确诊即给付保险金额，让被保险人在不幸患上重大疾病的同时，可以得到一笔可观的医疗费用作为救命资金。

误区之三：孩子重要，要买保险也得先给孩子买。

重孩子轻大人，是很多家庭买保险时容易犯的错误。孩子当然重要，但是保险理财体现的是对家庭财务风险的规避，大人发生意外对家庭造成的财务损失和影响要远远高于孩子。因此，正确的保险理财原则应该是首先为大人购买寿险、意外险等保障功能强的产品，然后再为孩子按照需要买些健康、教育类的险种。而且在资金投入上，应该是给大人，特别是家庭经济支柱的投入越多越好。

误区之四：人情难却，为了面子购买“人情保险”。

很多保险营销员从熟人“下手”，而相当多的人也是因为人情不好推辞而买的保险。其实，保险是一种特殊商品，只能根据自己的需要购买，不能出于情面购买自己根本不需要的保险，或者为了照顾情面而只买象征性的一点，却远不能满足真正出险后的需要，成为“鸡肋”保险。专家建议购买保险前最好找到专业的理财顾问，仔细研究分析自己家庭的财务特点，然后再选择合适的险种和保险金额。

误区之五：年轻人刚刚进入社会，收入少，可以等到有钱的时候再投保。

事实上，投资保险应当越早越好，因为年纪越轻，保费就越便宜。而且在 20 ~ 30 岁时，大多数人身体状况良好、精力充沛，且不必负担太重的家计，经济上无太大的压力。因此，保险的需求应限以自身保障为主，以健康、意外、养老保险为基础。在经济基础日趋稳定时，再投保一些投资类的保险，有稳妥固定的收益，这样，还可以为以后成家立业做准备。

误区之六：购买保险越多，享受到的保障就越多。

虽然保险能够为幸福生活提供保障，但不意味着保险买得越多就越好。因为一旦自己经济收入减少了，就很难继续交纳高额的保险费，届时如果退保就会造成巨大的损失，还会失去保障。不退保又难以维持，会陷于进退两难的尴尬境地。因此，投保的费用应以自己收入的 8% ~ 15%为宜。

总之，在购买保险的问题上，理性的消费者，应根据自身的年龄、职业、收入等实际情况，力所能及地适当购买保险，以达到最好的保障效果。

1. 小心保险推销人员的用语

2014 年 8 月，刚毕业来北京找工作的张翠敏进入西直门一家保险公司当业务员。张翠敏发现，她所见到的任何一个人都夸奖她是做保险的“人才”，大家似乎都对她恭维有加，最后连她自己也相信自己是做保险的“料子”。可是她不知道，这些已经入行的业内人士早已经是精通“推销话术”的个中高手。

上班第一天，张翠敏和新来的员工就接受了“洗脑”。培训“老师”说：“和客户对话时，声音一定要坚定，一定要大声。”另外，“控制客户想法，引导客户想法”也是“老师”传授的“法宝”。“老师”说：“和客户交流一定要热情、真诚，提问一定要有连贯性，不能让客户有戒心，不能让顾客以为我们想要他的钱；善于利用同姓、同乡、同龄、同属相、同命运等相同或相似的情况与客户套近乎。此外，还要多赞美客户，通过我们问、顾客答的方式，进行互动对话，逐步控制谈话局面，引导顾客思路按照我们的思路走。”

在保险成交的过程中，遇到客户有异议的地方，保险公司的业务员便会运用“话题术”。总的原则是“遇到障碍绕道走”，迅速把话题引导到双方都认同的话题，再慢慢切入正题，如此三番五次之后，绕得客户晕头转向，直到客户在懵懵懂懂中签下保单并付款。

由于保险行业的“大跃进”，更多的是只为赚钱发财的纯推销人员，他们用那点小聪明和一点点的专业知识来忽悠消费者。

保险销售人员在向消费者推销保险时，往往会做出一些承诺，或片面夸大投资功能。王先生通过代理人买了份个人长期人身保险的理财产品，买的时候代理人说五年之内不取的话，预期每年增长 6 ~ 7 个百分点，但四年过去了，王先生去查询时却发现利息还不如银行的高，让他很是郁闷。

当你决定买保险时，常常是因为有了良好的理财观念，那么，该如何区别哪些卖保险的是你的合作对象，哪些是纯属忽悠人的呢？具体可从以下几方面为自己的保险之路选择安全的代理人。

（1）看他是否正规

可以检查你的代理人有没有保险从业证书，如果他交给你看了，你还要仔细核实上面的代理期限。当然，直接打电话到保险公司查询是最方便的办法。

（2）斤斤计较

当代理人向你推荐某个保险产品时，一定要把保险条款正着倒着读上两遍，然后把你不懂的地方提出来，看对方能不能从容应答，那些支支吾吾想了半天才有答案的可以直接 PASS 掉。

除了建议要找正规的渠道购买保险产品外，还要选择信用记录良好的保险营销员。作为投保人，是有权要求前来推销保险的营销员出示保险代理从业人员展业证书的，还可以通过网站和电话的方式来查询该营销员的展业证书号码和资信记录。

2. 了解投保财产险的常识

不可预知的事故、灾难实际上潜伏在每个家庭之中，一方面我们自己要提高警惕，避免事故的发生；另一方面也要主动寻求保险保障，选择合适的保险产品进行投保，以期在发生损失后获得保险公司的赔偿，来维持家庭生活的稳定。我们虽然无力拒绝灾难，但却可以依靠保险互助的力量减轻灾难造成的损失和痛苦。

消费者增强风险意识，知晓家庭财产面临着哪些风险，以及如何利用保险来有效转移风险是非常重要也是非常必要的。在投保财产险时，消费者需要了解的常识主要有以下几条：

（1）仔细阅读保险条款

消费者在购买财产保险时，首先，要读懂保险合同中的条款含义，搞清自己可以得到哪些方面的保障和赔款。要特别注意条款中有关投保人或被保险人义务和特别约定等内容。

（2）填写投保单要如实告知

根据有关规定：“订立保险合同，保险人应当向投保人说明保险合同的条款内容，并可以就保险标的或者被保险人的有关情况提出询问，投保人应当如实告知。”因此，如实告知非常重要，以免家庭财产发生灾害时不获理赔。

（3）投保要带齐有关证件

如投保机动车辆保险要带上行驶证、营运证原件；新车要带上机动车辆合格证原件、购车发票原件等。如投保企业财产险、家财险，保险公司要派人员到投保单位和投保家庭查验，核对有关财务账册、发票及实物，以便按规定决定是否同意承保。

（4）不能超额投保

超额投保是指投保人和保险公司订立合同时，合同约定的保险金额超过保险标的实际价值。但依据损失补偿原则，此种投保方式，被保险人索赔时充其量只能获得等同于保险标的实际价值的保险金额，超额投保显然只能白白地多缴保费。因此，投保人明智的做法是对投保财产做出客观合理的估价，使保险金额尽可能接近所投保财产的实际价值。

（5）不能重复投保

重复投保是指投保人就同一保险标的、同一风险以及相同保险责任期限与多个保险人分别订立保险合同。在重复投保情形下，当发生保险事故后，被保险人须向多家保险公司就保险赔偿事宜达成一致意见，会给投保人增添许多不必要的麻烦。而且对重复保险，各保险公司只会分别按比例分摊赔偿，赔偿总额不可能超过保险价值。因此，对同一份财产，只要向一家保险公司投保即可，用不着多交保费。

3. “不保险”的人寿保单

2009 年 3 月 13 日出版的《投资理财》杂志，刊登了一篇名为《保险机构摆迷魂阵，产品成勾魂药》的文章(记者孙晓宇)，文中写道：“当下，保险业何止一个‘乱’字了得。保险产品琳琅满目，五花八门，投保人难以看懂；保险公司、代理人绞尽脑汁到处兜售，甚至不惜欺骗销售，误导营销，消费者‘屡屡中招’。”文中还转引了一个其他媒体刊登的案例：“今年46岁的曾女士，1997年在某保险公司代理人的不懈劝说下，为丈夫买了份终身保险。2003年6月，曾女士的丈夫在家中意外死亡，曾女士向保险公司提出理赔申请。保险公司派人调查后得知，投保人在投保前已患多种疾病，属带病投保，认为曾女士隐瞒事实，不予赔偿，也不退还保险费。”

很明显，保险公司的经营手段带有欺诈性：先让你投保进来再说，而后在理赔的时候跟你“算后账”。该案例经过诉讼程序后，法院判决保险公司向曾女士支付6万元的保险费。

就事情而论，很可能曾女士在人情攻势下，不得不入保，只是“留了个心眼”，没将丈夫的健康状况说清。而问题的关键是，保险公司的代理人在签订合同之前未告知投保人要对被保险人的健康状况做出说明。因此，法院的一审判决依据这一道理将责任确定在保险公司一方。

由于对保险复杂的条款内容看不懂，而保险代理人为卖出保险常常解释得含糊不清，只说优点不说缺点，最后致使投保人利益受损，到时白纸黑字的合同也帮不到你。所以如果有不理解的条款时可以直接找代理人，代理人跟合同承诺的不一样时就找保险公司的客服；好好地利用犹豫期及时更改或进行退保等一些补救措施，维护自己的权益。

人寿保险一般都是长期性合同。为了保证您购买到一份合法、可靠、有利的人寿保险，请您务必注意以下七点：

选择符合您自身需要的保险，要注意从“需要”出发。例如，在考虑是投保终身寿险还是定期寿险时，财力充足的人士可以选择终身寿险，并通过这种方式为后代留下一笔遗产；而财力有限的人士则可以选择定期寿险，以25岁到50岁的人生黄金阶段为自己投保，因为这个时期也是人生负担最重的时候，可以避免投保人遭遇突如其来的不幸时给家庭经济带来沉重的打击。

寿险的价格差别很大，所以多做比较是非常重要的。最便宜的不一定是最好的，你必须确定保险公司在财务上是健康的，并拥有及时理赔的良好声誉。此外，因为保险产品非常复杂，你还应当为自己选择一名优秀的保险顾问，以找到最合适的、赔付最有效的产品。

针对大的风险，要购买那些保险内容尽可能多的产品。不要只投保某一种意外事故死亡险，而是要投保各种事故的保险；不要只投保一种严重疾病险，而是要投保各种大病险。

购买前，要弄清您买的是什么保险？保险责任是什么？责任免除是什么？怎么交费？如何获益？有无特别约定？

填写投保单要如实告知。投保人如果存在故意隐瞒事实，保险公司就可能不承担赔付保险金的责任，后果相当严重。

无论是投保单、健康声明书，还是其他有关文件，认真填写并亲自签名，不要随意由他人代签，以免今后出麻烦。

要注意保险合同生效时间。通常投保人交付第一期保险费，且保险公司签发保单时，保险合同才开始生效。

五、国债理财，一个承诺，一张白条

在现实生活中，一个人的钱不够用，他可以跟另外一个人借，两者间就建立起了最简单的债务关系。这种私人债务的最早出现，可以追溯到2000多年前。问题是，个人缺钱，可以跟另外一个个体借，但当一个国家缺钱的时候，应该怎么办呢？答案很简单，就是向包括国内外的公民、法人、其他组织，或是某一国家、地区的政府以及国际金融组织借，于是，国家与其之间的债务关系就出现了，我们把这种以国家为债务人的债务关系，统称为国债。

国债，又称国家公债，是国家以其信用为基础，按照债的一般原则，通过向社会筹集资金所形成的债权债务关系。

顾名思义，国债是由国家发行的，它是中央政府为筹集财政资金而发行的一种政府债券，是中央政府向投资者出具的、承诺在一定时期支付利息和到期偿还本金的债权债务凭证，由于国债的发行主体是国家，所以它具有最高的信用度，是最安全的投资工具。

简单地说，就是国家生产了一种商品，这种商品名字叫债券，国家出售的这种债券是一种承诺，也是个白条。打个比方，就是说你花100块钱买了国家生产的这个商品，国家给你个承诺，若干年后，再返还给你120块钱，这就是所谓的国债。

当然，这个商品返给你多少，就是和国家信用挂钩的。信用高的国家，就可以用较少的返点借到钱，亦即是借同样的钱，付出的利息少。信用低的国家，就必须用高利率吸引投资的人，借同样的钱，就要付出较多的利息。

1. 为何发行国债

现在，我国的国债投资者接触比较多的主要有两种，一种为凭证式国债，一种为记账式国债，关键区别是前者不可以上市流通，后者可以上市流通。其实，无论是哪种国债，其实质都是国家向你借钱，国家利用这些向全社会借来的钱用于解决财政资金困境，弥补国库空虚等情况，如筹集军费、平衡财政收支、筹集建设资金等，那么政府究竟是如何利用国债的资金作用于全社会的呢？

举个例子，假设现在经济处于萧条时期，政府为了刺激经济，雇用100个人挖坑，为了挖坑，政府就购买了100把铁锨，这100把铁锨就拉动了钢铁厂，而钢铁厂制造铁锨则需要收购方方面面的原料，这就拉动了原料行业。同时政府还要给这100个人发工资，这100个人拿到工资以后要进行消费。假如有些工人要买米消费，这就拉动了农业发展；假如有些工人要进行休闲娱乐活动，这就拉动了旅游业和娱乐服务业；假如有些工人要把这些钱放进银行获取利息，这也促进了银行资金的周转，从而作用于更多的投资行业。

以此类推，这样一个产业作用于另一个产业，一个产业运转带动另一个产业的转动，渐渐形成一个循环的产业链，不断为平静的经济海洋注入可用的水源，并时不时溅起一层又一层的水花。

总而言之，国债除了在你我都看不到的高度上拉动着经济的发展，还给予你投资理财的机会。这就是所谓的牵一发而动全身。

2.“低风险”的国债

如果你没有能力承受太大的风险，国债理财是最适合的选择。

相对于目前市场中的大多数理财产品，国债期限较长，一旦购买，未来一年或几年的收益是可以把握的。简单而言，国债理财最有特色的地方就是“稳健”，即是稳定的收益，没有很大的浮动盈亏，被誉为无风险的安全气垫。

可能你会说，这么一点收益就要等上好几年，还不如投资股票来得快速，收益又大。股市从历史的角度来看是向上的，股票的价格是围绕每股股票所代表的真实价值波动的。如果是做长线投资，你的资金是否可以长时间闲置在股市里？另外，炒股票就等同于玩过山车，当它上坡时，你的脑袋会兴奋得充血；当它下坡时，你的心脏会负荷不起。如果心理承受力比较低，不喜欢这种忽起忽落的大悲大喜，还是国债来得更温和一些。

国债被认为是最安全的投资工具，对于这个说法是否正确，是否存在一定的风险，相信很多人都会有疑问。其实，这是一个很平常的问题。举个例子，你要买某品牌的冰箱，跑去淘宝溜达了一圈，假设你搜索后弹出两个买家，一个是皇冠的高信用买家，要价 3500 元，一个是没有任何信用的低信用买家，要价 3000 元，作为买家的你会选择哪一个？有些人会选择高信用买家，虽然多付了钱，但是买个放心，品质有保证；而有些人又会选择低信用买家，因为同样的货品，省下了500元，图个便宜，即使可能血本无归。这样的选择就叫风险偏好，风险存在于平常的商品买卖当中，同样存在于国家层面上。

无论如何，购买国债还是有那么一点点风险，也只是集中于两点——加息和时间成本，亦即所谓的市场风险。购买国债跟存银行定期一样，如果银行的利息升了，那么就意味着你的债券利息收入减少，而持购债券的投资者通常需要较长的周期，三年、五年不等，甚至是更长的一段时间。这个时候，作为国债的持有者不仅有可能承受连续加息的风险，而且在持有期内，持有人只能看着利息上涨而毫无办法。如果你中途有急事需要支取的话，你要蒙受一定的利息损失，因为国债购买者只有在债券到期时才能收回资金，连本带利。

其实，这种风险是无可避免的，但只是很小的风险，一般来说，只要国家政权还存在，国家就有能力把钱返还给你。

3. 算一算国债收益率

投资者在选择投资前，要明确所购买产品的收益率。

何为国债收益率？

国债收益率是指国债投资每年所获得的收益占资本金的比率，它是投资者进行国债投资的重要依据。国债收益率与国债利率不同。利率仅指国债年利息收入与国债面值的比率，但国债收益不仅仅指利息收入，它还包括国债买卖的盈亏和国债利息再投入所得到的收益。

那么，为什么要明确收益率？

其实，明确了收益率，就可以综合比较它和其他理财方式在回报率、安全性、资金流动性方面的优势和劣势，合理地配置所购产品在自己的投资组合中占有的比例。这是投资理财的重要条件。只有知道自己的收益率是多少，才能确定自己的投资是否正确，是否有理有根据，从而使自己的投资更具有价值。可以说国债收益率是全面衡量国债投资回报大小的重要指标。

就国债而言，国债可以分为凭证式国债、记账式国债和电子储蓄式国债。这些不同类型的国债本身的利率也不同，而且可购买的年限也是一年、三年、五年不等，有的甚至有十年的长期限，它们各自的收益率也是有所不同的。

对于已经购买储蓄国债的投资者，这点尤其重要：如果银行存贷款利率上调，是否应该“以旧换新”，将手里的债券提前兑付，转而买入利率较高的新一期国债呢？这就需要比较两者的收益率后做出判断。

而对于可以上市的记账式国债来说，虽然不能直接计算出到期后的收益率，但是在一定期限内，排除买卖期间存在的一定差价，还是可以计算预期的收益率，这个对于购买哪种国债也具有很大的参考价值，也是必须要明确的。

理财风险篇

一、小心碰触的理财产品

如何选择理财产品，使自己的投资得到最大的收益是投资者首先要考虑的问题。如下必须小心碰触的理财产品已被证实很难赚钱。如信用卡，尽管也有人在股市高涨时通过信用卡套现，可能获得不菲的收益，但如此高风险的投资并非“理财”，可归为“投机”；至于古代书画与翡翠玉石，连鉴别标准都尚未确立，又如何建立合理的买卖平台；银行的委托理财产品并非一无是处，运气好的话或许才会遇上不错的产品。

（1）银行委托理财产品

不要轻信各个金融机构推出的投资产品，“预期收益”并不代表实际投资收益。银行的理财产品频出，早已让人挑花了眼，而广告里对个人理财产品风险的刻意回避，很容易混淆客户对预期收益和实际收益的判断。很多理财产品，到期后收益非常小，甚至为零。

（2）地下基金

地下基金，无疑是风险最大的一种投资理财品种。虽然现在很流行“私人银行”以及“私人理财师”这样的私人理财服务，但你要牢记，只要是悄悄发展的地下基金，总是和巨大的风险联系在一起。对于处在法律监管之外的地下基金来说，非公开宣传和潜伏于地下的暗箱操作，都造成了它本身的不确定性。

（3）信用卡

经常听说“信用卡理财”这个流行词汇吗？这其实是一种刺激消费的广告宣传。作为一种短期消费的信贷产品，信用卡除了享受短期的免息优惠之外，实在是找不到任何有关理财的功能。相反，它还具有刺激超限消费的作用，能够使你在不知不觉中增加生活费用支出，削减用以投资理财的资金。

享受生活，应该放在投资成功之后。信用卡和你的生活的关系是：如果你把信用卡视为你的理财投资工具之一，那么你最好立刻远离信用卡；如果你的生活已经富裕到可以忽视信用卡的存在，那么信用卡的确可以成为你的一个理财工具。

（4）古代书画

为什么现、当代油画作品的行情会如此火爆，屡屡创下拍卖高价，而年代久远的古代书画艺术品却始终在低价徘徊不温不火？答案就是对于古代书画，连专家都没有足够的把握鉴定真伪。

如果你对书画的鉴赏能力没有达到一定的水平(这水平一般要求是炉火纯青)，最好不要轻易投资于书画，不管是几千、几万，还是几百万元的。

（5）公司原始股权

我们不得不在这里提醒读者：公章是可以用萝卜刻出来的。中小企业融资困难也是困扰地方经济发展的真实情况，为此，有很多地方政府都推出了产权交易中心，专门为企业融资提供平台。这里的公章不是萝卜刻出来的，但也不担保你投资成功。在退出机制正式出台之前，这些股权或许就带来大笔财富，或许就是陷阱，一切皆建立在你对该企业的运营状况与上市日期是否了解的基础上。

（6）翡翠玉石

乱世藏黄金，盛世买珠宝。这的确是投资真理，但现在玉石储量越来越少，而造假的水平则越来越高，如果你实在没有把握，就不要投资玉石收藏。

无论是和田玉，还是绿松石，产量都已经越来越小，屯货的人也越来越多。如果不是行家里手，最好把钱用来购买 1 克拉以上的钻石。

（7）借贷投资

超支投资，是最会损害到个人或家庭的理财规划，是一种缺乏理财规划以及生活没有风险意识的表现。就像很多企业受窘于短期流动资金那样，超支透支带来的后果，是大大降低投资规划的实际收益。

比如为了早点偿还高额房贷，减少了贷款年限，造成短期支出大增，给家庭生活带来很大压力。又比如在资金紧张的时候求助于信用卡的帮忙，而不得不支付信用卡透支利息，这利息不断滚动又成为新的资金紧张原因等等。总之，借贷投资是最不可取的理财方式。

日常投资中，的确存在很多这样的情况，比如某个新建商业小区的商铺，或某个大型商业机构的摊位。像这些依靠时间来慢慢积累人气才能获得较好投资收益的项目，最容易碰到的情况就是流动性差得让你无法忍受。

再比如邮票、古玩，如果一直找不到买家的话，那么投资还有什么意义呢？

1．别拿收藏当投资

张桂忠是一家大型网站的运营总监，在金融危机这段时间，他变得有些颓废。在年初时买了两套高价房，现在不但没有涨，售楼处反而天天打广告，又打折又送车位。股票已经在股市里套了半年多，整整缩水了70%，而且张桂忠从投资顾问那里了解到，股市已经到低点了，赶紧进入！张桂忠对此不相信，但心里却又抱着想试试的态度。可是那么多钱都已经套在里面，怎样才能弄到现金呢？

无意间，张桂忠忽然想到了家里收藏的一位已故当代名家的作品。虽然画本身不是太出名，但画家却是许多人耳熟能详的。

于是，张桂忠想，这位画家故去已经有段时间了，照常理来推断，这画应该能兑个好价钱吧！但张桂忠的如意算盘落空了，走了几家画廊，竟然没有人肯用高价来收。张桂忠一下慌了神，虽说当初收藏也并不完全是为了今天能翻几倍收回，但据许多人说艺术品是最保值的投资，难道这些全部都是骗人的吗？

这类情况的出现不得不让我们陷入沉思，艺术品投资真是骗人的吗？其实，这种观念是错误的。艺术品投资错不在其自身，最关键的是收藏者渴望鱼与熊掌兼得的初衷。

收藏多少年来一直受人们关注，如今，越来越多的人涉足收藏，然而留心观察，就会发现同时起步的人几年后会有不同的结局。有的人可谓名利双收，收藏品上达到不俗的档次，经济上也或多或少地有些收益；而有的人破破烂烂一屋子，外行看起来热热闹闹，内行则不免嗤之以鼻。这便涉及到了如何选择收藏品的问题。真、精、整恐怕是初涉收藏领域的人们面对眼花缭乱的物品时所要牢牢把握的诀窍。

首先是真，即真正的古董。现代人处于激烈的社会竞争、繁杂的生活环境中，于是古代物品就成为人们思古幽情的媒介。因此，从收藏这个角度来说，所选物品一定要有历史感，即人们常说的“够代”。当然，“够代”是相对的，明清时收藏家钟情于夏、商、周所谓老三代的古玉，而在当今，一块清代、民国时期的玉件价格亦不菲。

其次是精，即看收藏品是精美还是粗俗，是否有较高的艺术价值。收藏物品的年代固然重要，但其精美与否也是重要标准之一。我国历史上各朝代由于审美习惯不同，所遗物品风格迥异，如汉代的粗犷豪放、唐代的富丽堂皇、宋代的清新隽雅、明代的精雕细琢、清代的繁花似锦。各朝代有代表性的物品艺术价值高的可以不惜重金买下，否则宁缺毋滥。

最后是整，即完整性。任何一件藏品的完整性都不容忽视。古玩、字画等都有不可再生性。随着时代的推移，即使收藏条件再好，也难免受到损伤，因此其完整性就尤为珍贵。以人们津津乐道的明、清官窑瓷器为例，哪怕是口沿稍有脱釉，即“毛口”，价格都会成倍地下降。所以收藏品要品相上乘，才会有较大的升值空间。

所以说，要想搞好收藏，必须具有相关的知识，了解相关诀窍，否则很容易花冤枉钱。

2. 切记古玩投资“三不买”

目前，全国各地正掀起一场文物收藏的热潮，社会上常常举办各种形式的鉴宝活动，每当有知名专家亲临现场为收藏者免费鉴宝时参加者更为踊跃，鉴宝会场会出现节日般的热烈场面，众多的收藏爱好者手拎肩扛各种“奇珍异宝”，排着长龙般的队伍等候专家鉴定。鉴定结果却非常令人遗憾，真品率不到百分之二三，真品中的精品更是微乎其微，众多持宝者带来的“国宝”“传家宝”只不过是一些中低档的仿品，这种现象说明了民间收藏的成功率是非常低的。

收藏爱好者希望淘到有价值的藏品，这种愿望是好的，但不能急功近利，不要梦想靠“捡漏”而一夜暴富。目前，市场情况特别复杂，狡猾的不法商贩已为收藏者设置了陷阱和冷枪暗箭，初学者明枪不易躲，暗箭更难防，稍不留神就会落入圈套，造成严重损失。为避免落入这种圈套，大家要熟记以下的“三不买”。

（1）不懂行不要买

古玩收藏分为古陶瓷、青铜器、玉器、木器、书画和杂项等几大门类，每件古玩都属于一个门类，如果收藏者对此门类的知识不够了解，没有进行过深入研究，千万不要去买。文物收藏是件非常有魅力而又会给收藏者带来极大乐趣的文化活动，但成功的难度很大，失败率非常高。不少收藏爱好者低估了它的难度，致使收藏界总体状况极不理想。仅以收藏古陶瓷者为例，百人之中最多能有一二人成功，剩下的百分之九十五以上的人收藏状况可用二十四个字来形容和概括：即“辛辛苦苦、废品为主”，“全军覆没、惨不忍睹”，稍好者也是“起早贪黑、破烂一堆”（破烂是指无价值的低档物，“精残”“高片”不包括在内）。误入这种歧途者不是个例，从北京到全国，从海内到海外大有人在，其数量难以统计。

（2）有怀疑的不要买

在鉴定古玩时要敢于对古物百分之一的怀疑推翻百分之九十九的肯定，只要不是内行人都认可的收藏品就不要买。一位收藏爱好者准备买一个宋代磁州窑的别花罐，他请一位资深藏家为他掌眼把关。这位藏家指出别花罐存在的疑点：一是它的器型与真品相比有微小差别，二是别出的花纹缺乏真品的神韵，另外胎和釉与真品相比也有微小差距，根据上述观察可判断它是高档仿品，因此劝他不能买。

这个例子说明了只要有一点的怀疑，不是行里人人认可之物，坚决不能买。

（3）不符合市场价位的不买

现在古玩市场里的真品已经不多，真品中的精品更是少之又少。这些高品位高价值的藏品都在少数资深收藏家和有经验的商人以及大拍卖公司手里，他们绝对不会把价值卖错，初学者根本没有机会捡漏，如果在市场上出现一件低价位高品质的藏品，就像大草原中出现一只肥兔，天空中已有上千只雄鹰在等待捕获。在初学者连兔子的影子都没有见到时，就已成为有经验猎手的战利品了。所以，对于初学者来说，一定要买符合市场价位的藏品，真品要用真品的价格来买，没有经验的收藏者就是用真品的价格也不一定能买来真品，如果用捡漏价买来的就一定不会是真品。

3. 邮票有时比股票还疯狂

邮票是另外一种常见的收藏品，虽然“小”却能量很大，涨起来有时候也毫不逊色于股票。它老少皆宜，门槛较低，既可以作为一种业余爱好来收集，也可以作为专门的收藏品来挖掘其价值。

邮票收藏之初，投资者应掌握一些有关邮票收藏方面的基本知识，如邮票的种类、品相、真假邮票的鉴别等。具体操作时，下面几个关键点大家要注意。

（1）了解邮票市场行情

就像投资股票之前必须判断当前市场是处于牛市还是熊市一样，投资者在收藏邮票之前也必须了解当前邮票市场的行情。如果市场正处于牛市阶段，最好先放放手，寻找一个最恰当的时刻再进入；如果市场正处于熊市阶段，有眼光的投资者可以寻找一些有较高收藏价值的进行投资。

除此之外，还必须对邮票的发行情况有个了解，如某种邮票在邮政部门一年内发行多少等，这些将直接影响邮市行情。

（2）选对邮票

选择邮票投资品种必须把握三个要素，即题材内容好、发行量或存世量少、流通性好。题材内容好，其中又以名人画作和历史题材尤其值得关注，如猴票就是由黄永玉先生创作的具有较高收藏价值的邮票；后两项也很好理解，一是物以稀为贵，二是流通好才有大的升值空间。

（3）考虑邮票的面值

一张面值 20 元的邮票和一张面值 2 角的邮票同时出现在你面前，你会选择哪张？如果是作为集邮收藏，你可以一视同仁；但作为投资，你最好不要选择高面值邮票。

首先，选择高面值邮票，等于把鸡蛋放在了同一个篮子里。买一张 20 元面值邮票的资金，可以买 100 张 2 角面值的邮票，而一旦邮票升值，其实就是脱离了面值基本面的行为，涨多少根本与面值无关。

其次，根据过去的市场经验，高面值邮票普遍升值较慢。高面值邮票因为其邮资总含量巨大，消耗起来往往很慢，而低面值邮票的消耗速度却比较快。

再次，大资金不喜欢操作高面值邮票。大资金一般都选择低面值而且好交易的单套邮票，而尽量避开高面值的或者总面值很高又不方便交易的大套票。即便是投机，低面值也比高面值的机会多得多。

（4）要有自己的判断

在具体操作时，投资者要有自己的判断，千万不要跟股市中的散户那样盲目追逐热点，那些价格已经很高的邮票升值缓慢，反而是低迷的回报可能会高些。此外，尽量不要去炒作和追捧新邮，过分赌博往往会被套牢。

邮票的市场价格主要取决于它的需求量与可供量之比。在众多的品种里，发行有一定年份、市场流通量已稳定的类别里，出现潜在“黑马”的概率较大。尤其是古典邮票、珍稀邮票，以其存世量与外国同级珍邮相比，目前价位还相对尚低。但投资者需要注意的是，这些票品一向不宜短线炒作，而只有通过较长时间保存，其保值增值效应才能显现出来。

（5）切忌盲目购买

首先，选择发行量小、工艺复杂、材质特殊的邮票，造假可能性较低。如丝绸质地的邮票、宣纸做的行书邮票、全息邮票等相对来说造假比较困难；其次，小商贩手中的邮票造假的可能性比较大，购买邮票应尽量到邮局和正规的邮票交易市场。在许多大型的邮票交易市场内，也都会设立专门的邮票鉴定部门，会有专家为顾客免费鉴定邮票真伪，规避风险。

（6）保存好你的邮票

炒邮不同于炒股，对于方寸间大有学问的邮票来说，如何保存也颇有讲究。由于没注意保护邮票，一些人手中的邮票大大贬值，这样的案例并不少。

首先，要使用专门的护邮袋和邮册保护邮票注意防潮，取放邮票时要用镊子；其次，在整理邮票时，最好在桌面上铺上洁净的纸张或布毯；最后，收集进入邮票册的邮票，不要经常移动，以免齿孔和四角受到损伤。

二、擦亮眼睛防范陷阱

一款银行理财产品，被宣传成高达10%—20%甚至30%的预期收益率，到期后发现，收益根本达不到销售人员介绍产品时所说的水平。

2014年，薛女士在天津一家银行购买了一款挂钩型的理财产品。银行销售人员告诉她，预期年化收益率能达到5.5%，考虑到这款产品收益比较高，薛女士就一口气买了40万元的产品。到期后，由于挂钩条件未达到设定条件，这款产品仅实现了2%的最低收益。

在全民理财时代下，各种投资诱惑背后可能潜伏着巨大陷阱。虽然监管层出台了多项措施剑指金融消费陷阱，然而随着金融创新步伐加快，新的金融消费陷阱也相伴而生。将金融维权进行到底成为投资者不得不面对的现实。具体可以按如下步骤来做：

首先，作为消费者，一定要保持理性头脑。随着金融行业的日益发展，普通百姓的财富管理渠道越来越多，财富增值空间也越来越大。很多消费者已经不再满足于银行存款所获取的利息收益。大多数人的视角已经转向高收益的财富管理模式。面对市面上琳琅满目的财富管理模式和高收益诱惑，很多人迷茫了，在不经意间走入了不法分子设置的陷阱。所以作为消费者，如果决定要进入这个领域，就一定要保持冷静和理性的头脑。只有这样，才能全面分析财富管理模式，识破不法分子的诡计。

其次，作为消费者，要时刻为自己充电。随着社会的发展，科技的进步，不法分子骗钱的手段越来越高明，而金融行业就是他们永远不愿放弃的沃土。作为消费者，如果要实施财富管理，就要时刻为自己充电，让自己永远远离不法分子的陷阱。

最后，作为消费者，要选择适合的财富管理模式。市面上的财富管理模式很多，风险性也参差不齐。消费者在选择的时候，一定要注意结合自己的实际情况来选择。

1. 广告是个合法掏你钱包的小偷

广告效应是企业通过广告来影响消费者的行为，从而引导或者推动一种消费时尚。

有位喜欢用奢侈护肤品的女孩，新认识了一位做化妆品的朋友，就问他哪个品牌比较好。结果朋友的回答是：其实不管是多大的品牌，每款产品的成本只是10元左右，最多也不过40元。女孩听到后非常吃惊，问那怎么要卖那么贵？朋友说，化妆品最大的成本是广告，在电视打广告要几千万，请个明星又几千万，每年在广告上的成本就要过亿。

女孩不甘心，又问："但有些大品牌用起来真的有差别哦！"

朋友说："那就是10元左右的差别，有些品牌的成品一瓶也不到5元。

很多新的成分，基本都是一些对人体无害的成分，当然有些是有一定的效果，但不会很大。其实有好多几十元的产品用起来不一定会比几千元的要差，有时都是利用广告跟消费者打心理战。”

女孩这才知道，自己原来一直在买广告。

你呢？身为消费者的你，是在买广告还是买产品？

广告是商家宣传的主要手段，商家的广告会千方百计吸引消费者注意并钟情于他的产品。无论商家的广告如何变化，其内容不外乎以下几种：宣传产品的优点；强调产品的与众不同，利用多数消费者潜在的追随时尚的消费心理，以产品某一方面的创新推动消费等。不管怎样，一定不要忘记一句话：羊毛出在羊身上。

如果你不愿意支付高额的广告费，那么在消费过程中，可以选择那些品牌已经建立很久，广告虽不太多但是口碑一直不错的品牌。还有一个原则是：尽量买本地出产的产品。本地品牌想要严重欺骗本地人是比较困难的，他们多多少少会有投鼠忌器的心理。同时，本地产品减少了运输和储藏环节，不用在电视台做广告投放，产品成本略低，在同样价钱下更物有所值。

有很多商家，为了招揽顾客做虚假广告，而消费者一般都不是行家，所以容易受到迷惑，上当受骗。价格的高低，不能说明真实的性价比，同样，广告更不能。宣传的文字，也只能见了十分信三分，而且商家提供给客户的种种诱惑，只是为了让你消费更多。

2. 识破商家的用意，逃过折扣圈套

如今的市场促销手段中，最吸引人眼球的莫过于“打折”这两个字了。

一逢节假日，商场的促销手段便是纷至沓来，令人眼花缭乱。消费者平日工作忙，只有在这个时候才有时间出来买些东西。精明的商人自然不会错过这个赚钱的好机会，所以只要是你要买的全在打折。有的人偏偏经受不住打折的诱惑，一看见这两个字便掏钱抢购。

打折的手段花样繁多，最直接的就是在商品价格栏上贴上“五折优惠”的标签，此外还有“满200元立减100元”“买一送一”“满200送100”等促销，外加“跳楼价”“放血大甩卖”等惨烈的字眼，目的只有一个，让消费者一看里面全是实惠，赶紧到我这来买。

等时间长了，“打折”的新鲜感退去了，细心的人不难发现，每逢节假日“打折”总会频率很高地出现在商家的卖场和广告里。所涉及的商品五花八门，折扣的程度各有不同，打折限定的时间宽泛，打折促销的手段创新，让人们心中禁不住产生疑惑：难道市场真到了“无处不打折，鲜见原价格”的地步了吗？

再者，有的商场几乎天天打折，打折广告接二连三，打折花样不断翻新。有时实行全场打折，有时部分商品打折，有时分楼层打折，有时按专柜打折，逢年过节打折，喜庆活动打折，某类产品专项打折，仿佛看不到不打折的时候，商家把利润全给了消费者，难道他们不过了吗？

天底下没有免费的午餐，商家也不会做赔本的买卖，商家对利润的敏感犹如蚊子嗜血的本性。每一个打折的背后都有一笔精明的小算盘。

拿返券来说，起始是有限制的，比如满100元返100券，如果你只买了99元的商品（有些99元的商品价格其实是商家有意定的），你就一定不甘心，会再买1元的东西获取那100元的返券。另外返券的使用范围是严格限制的，只能在商家限定的商品范围内购买，并不是说你拿到返券以后想买什么就买什么。一般来说日常消费品并不会出现在返券限定的购买范围之内，比如油盐米面天天都少不了，多多益善，可用返券并不能购买这些东西。

还有一种情况是，许多商家在打折之前，先把原来的价格提高，然后再给你打折。这样一来，有时候打折后的价格甚至比原来的价格还要高。或者是即使比原来的低，但也低不到哪里去，只是在原来价格附近徘徊而已。比如，某商品生产成本是300元，原来商店卖800元，这时，如果他给你打五折，400元卖给你，他还赚100元呢。但是，如果他先把原价格改写成2000元，然后再给你打个4折，800元卖给你。如果你不了解商品原来的实际价格，以为4折够合算的了，于是满口拿下。看着售货员“悲壮”的表情，你还以为捡到多大便宜了呢。

相信很多朋友都听说过“羊毛出在羊身上”这句话。以一个理财者的眼光来诠释商场所谓的“消费返利”，其实就是“羊毛出在羊身上”。张艳霞在一则宣传广告上看到一家大型家具城开业在即，为了酬谢顾客，提升自己的信誉，特推出消费1万元返2000元的优惠活动。张艳霞像很多得知此消息的消费者一样，在开业那天早早开车赶到家具城门口排队。

张艳霞在该家具城里选了一个衣柜、一套茶几、两个靠背沙发。售货员告诉张艳霞，因为她选的全是该商城里的纯红木家具，所以价格会比较贵一些。到结账的时候一算11500元。张艳霞当时就觉得太贵了，不过一想到商场里还有消费返利的优惠活动，也就没再说什么。

但是就算返了利，买这么几件小家具就花了9500元，张艳霞还是有点心疼。后来，她在别的家具城看到了和自己家一模一样的家具，初步算了一下，加起来也才不过9000元。张艳霞一下子就觉得自己还是被商家算计了。

张艳霞虽然多花了几百元，但至少买到的是真家具，这也算幸运的了。

林先生在一家家具城买到的几款家具全是仿品。搬回家以后，没过几天就被内行的朋友认了出来。林先生非常气愤，随即找到商家要求退货。商家拒不承认自己的家具是仿品，更不同意退货。无奈之下林先生拨打了消协的电话。经过鉴定，林先生买的几款家具确实是赝品。但是因为并无质量问题，同时又已经享受过"消费返利"的优惠活动，商家仍不同意退货。在消协的多次调解下，商家同意退还林先生1500元的损失金。

像张艳霞和林先生这样，被商家的"消费返利"活动吸引过去血拼的人不在少数，被骗被蒙了之后很多人只能生闷气。很多不负责的商家，会拿残次品来以次充好，或者干脆在真货中掺杂着假货出售，而且会事先给消费者打预防针：优惠返利商品不提供退换货服务。甚至有的商家会非常不讲道理地说"参加优惠返利的商品，如果有质量问题本商场概不负责"。谁让自己当初只把眼睛放在了"返利"两个字上呢！

类似"买150元返50元、买200元返80元、来买就送、积分换彩电"等等之类的"消费返利"活动，一到过节的时候就被商家炒得沸沸扬扬。商家以一种看似"大出血、大血拼、跳楼价、赔本赚吆喝"等不赚钱的行为销售商品，实际上是狠赚一把的好机会。

消费者要想不掉进商家精心编造的"消费返利"的"温柔陷阱"里，

就应该提高自身的识别能力，自主购物，理性选择，该出手的时候才出手，不是自己需要的商品千万别去凑热闹，别被商家牵着鼻子走。

3. 天下真的有“免费的午餐”吗

某大酒店开业，在电视和报纸上做了一个广告，称开业当天全天免费。有几个好友当天正好闲来无事，便相约去吃这顿“免费的午餐”。去吃饭之前大家都兴致勃勃的，吃完饭后却一个个闷闷不乐，为什么？原来酒店所说的全天免费，并不是让你随便吃。根据酒店的规定，每人免费供应一份套餐，所谓的套餐不过是一碗米饭、一个小菜、一小碗鸡蛋汤而已，如果想要吃其他的，就得自己掏腰包。

看来，全天免费只是酒店的诱饵而已。再看酒店里人满为患，大家都是冲着这免费来的。虽然被骗了，但有火还没地方发，谁叫你来的，“姜太公钓鱼——愿者上钩”，人家广告上明明写着“解释权归酒店所有”，虽然字很小，不太醒目。再说你也不好意思理论，为了吃人家的免费餐，还要人家管你吃个够？大庭广众之下，面子上也过不去呀。送的免费餐吃不饱，只好自己再点些炒菜、酒水，一结账，几百块钱花出去了。这顿免费餐吃得还真不便宜。

作为商家，追求的都是利润最大化，他们为什么要给你提供免费午餐呢？

但现实生活中，总有一些人相信这样的事情。原因何在？因为虽然每一个人都是经济人，也追求自身利益的最大化，但是，经济人的理性是有限的，在利益，尤其是能轻易获得的利益面前，人们就容易失去理性。

一次，黄先生骑自行车逛街，看到街边有许多人在购买补酒和其他保健品，他停下来看看，只见前面写着几个大字："免费检查身体。"黄先生于是也排好队等着检查身体，通过仪器的检查，竟然发现他的肝、胃、肾等都有点毛病。为他检查身体的穿着白大褂的"大夫"对他说："我们这里有不少调理身体功能的保健产品，就如强心健胃酒、补肾益脾酒等很好的补品，只要你喝上 10 瓶，保证身体会得到很大改善，喝上 20 瓶，你就会变得相当强壮。"听了大夫添油加醋的一番话后，黄先生果真买了两瓶。后来，他喝了这两瓶酒并没有什么反应。想想，可能自己上当了。

我们上面谈到，现代社会是高度分工协作的社会，所以，大多数人都要用自己的劳动赚来的钱换取自己所需要的生活物品，即我们购物就是一种等价交换的过程，是用自己等量劳动赚取的钱去换取等量劳动的物品的过程。换句话说，我们付出了多少，我们就能得到多少，不可能我们没有任何的付出就得到自己所需要的东西。

很多酒吧里花生米是免费的。可是你注意到没有，花生米可随意索要，饮料则贵得很，连一瓶矿泉水都要好几块钱。按常理，花生的生产成本要比水高，酒吧为什么要这么做呢？理解这种做法的关键在于，弄明白水和花生米对这些酒吧的核心产品——酒精饮料的需求量会造成什么样的影响。花生和酒是互补的，花生吃多了，会有干渴感，要点的酒和饮料也就多了。相对于酒和饮料的利润来说，花生是极其便宜的。多吃花生米能带动酒和饮料的消费，而酒吧主要靠酒和饮料来赚取高额利润，所以，免费供应花生米只是为了提高酒吧利润而已。

反之，水和酒是不相容的。水喝得多了，要点的酒类自然少了。所以，即使水的成本很低，酒吧也会给它定个高价，减弱顾客的消费积极性。

免费的花生米实际上是引导顾客多消费酒水而已。酒吧的做法正是应了那句老话：世上没有免费的午餐。

三、信用卡就是最没信用的卡

在北京一家外资银行上班的张建峰和他的未婚妻虽然收入不错，但都是典型的“月光族”，平时赚多少花多少，现在打算结婚呢，却没什么存款，连一些大家电都添置不了。结婚不能弄得太寒碜啊，如果买了这些大件儿的话，朋友就要少请一些了。但婚姻大事他可不想来第二回，一定要风光些。

就在张建峰发愁的时候，朋友指点了：这不是小事一桩嘛，天上有馅饼，看你想不想接了。张建峰忙问：“怎么个接法？”朋友说，很简单，完全可以去大商场买这些大件儿，然后分期付款，而且还免利息。张建峰一拍脑门，仿佛突然开了窍般，拉着妻子去了苏宁、国美等商场，把全自动洗衣机、双开门冰箱、液晶彩电等心仪的物件抱回了家。看到未婚妻对着一台新出的笔记本两眼放光，张建峰一高兴，把笔记本也拎回了家——反正买一件是刷，买十件也是刷！虽然花了3万多，但两人心里还是美滋滋的，12个月分期付款，每个月只要还3000多块钱，这对他们来说轻松多了。

可第一期对账单寄过来后，张建峰傻眼了：每期的3300元变成了

3488元。也就是说，12个月下来，张建峰要多花2000多。虽然张建峰平时花起钱来眼都不眨一下的，但要无缘无故地从自己口袋里掏2000多块钱给别人，他还是感觉很不爽。这所谓的免担保、免利息、零首付的分期付款，咋从“馅饼”变成了“陷阱”呢？张建峰有些迷糊了。

银行并没有骗他，朋友也没有骗他，只是在免担保、免利息、零首付的背后，还有其他“隐性成本”。分期付款不是绝对的免费午餐，每个月多出来的钱是分期付款的手续费，分期的次数越多，手续费就越高。张建峰妻子一听说每个月要多还一百多块，一年要多还2000多块，这个价格有些贵了，她建议省点钱，提前还掉欠款，而打电话跟客服咨询时对方却说，要想提前还款也可以，但必须在下一个还款日前把商品余额和剩余的各项手续费一次性还清，此外，还要加收一定的提前还款手续费。

张建峰一听就气愤了，提前还钱还要多收钱，这是什么世道啊。一听信用卡分期付款免利息，有一些消费者就容易误会，误以为分期付款不需支付任何其他费用，在不知情的情况下，被糊里糊涂地扣了手续费。

1. 花明天的钱，很时尚但是真的很累

上班两年的王荣是铁杆超前消费迷，在她的观念中，刷卡消费就是用别人的钱充实自己的生活。

刚开始的时候，王荣就感觉刷卡和花的别人的钱一样，不觉得心疼，感觉挺爽的。随着她超前消费意识的日益膨胀、市场诱惑的日益增大，仅仅透支一张卡已远远不能满足她的需求。为了在免息期内可以支付第一张信用卡的欠款，她又在另外一家银行申请了第二张信用卡以还清第一张卡的透支，后来又申请了第三张、第四张。

王荣申请第二张卡是为了提现还第一张信用卡的钱，然后欠的钱多了就又申请了好几张来填补之前的漏洞。王荣如此“卡套卡”，形成了循环透支，到了最后，由于透支过多，无法在免息期内还清，每个月要负担高额的利息，王荣变成了一个标准的“卡奴”。每到还款的最后截止日，王荣就为自己之前的过度消费“痛不欲生”。

“花明天的钱，做今天的事”，当这股负债消费的旋风刮向并无直接收入来源的高校学生群时，潇洒豪爽的是青年学子，苦吞黄连的却是为子女不计回报无私付出的家长。经常性负债消费的大学生比例超过 10%，北京某高校 30% 的学生拥有苹果手机；70% 拥有个人电脑……有的学生内裤都要穿100多元的名牌，而其父母平时却不舍得买太贵的衣服。有调查显示，几乎所有“超前消费”的学生都是向家里要钱或向同学借钱，然后开始大肆“超前消费”，最后变成“负债消费”。

“量入为出”和“超前消费”是两种不同的消费观，而不同的消费观最终导致不同的后果。“量入为出”遵循的是收支平衡的原则，倡导的是勤俭持家的传统。“借贷度日”追求的是超前享受，看重的是“眼前利益”。

作为一种现代消费模式，信用卡的出现和普及，拉动和刺激了消费，带来了经济的发展和繁荣。但它又是一把双刃剑，对持卡人来说，自己的超前消费，给自己的经济带来了巨大的压力，以致影响正常的生活。花明天的钱很时尚，但是真的很累。

2. 用卡超额度，扣费没商量

大部分信用卡分期付款业务都会在细则中说明：任一还款期内的应摊

还金额，如有逾期滞纳情形产生，将计收滞纳金。因此，持卡人对于分期付款也要按时还款，否则，不仅不能免息，还要交罚息。

在还款时，消费者要注意尽量还全款，奉劝大家不要做最低限额还款。要知道，如果在免息期内不能全额偿还透支消费款项，就要支付从交易入账日至还款日的贷款利息，而且是按透支消费款项全额计息。其实，在银行看来，每月不能全部清偿透支的用户，是最有利可图的“好顾客”；而那些按月全部清偿透支的信用卡用户，则是让银行没办法赚取利息的人。

对于银行宣扬的“信用卡最长有50天的免息期”一说，丁某的一次经历，让他最终明白现实并没有想象中那么美好。

丁某在某银行办了一张国际信用卡，当时用这卡刷卡消费了39771. 52元，在到期还款日之前，他已经分多次陆续还款39771.28元，少还了0.24元。因为是零头，当时的他并没在意，还以为都还清了。但就是这区区0. 24元，银行收了他853元的利息，利息是本金的3000多倍。

丁某向银行讨说法，但银行方面给他的答复是：根据最新的国际信用卡章程，已将原来只对欠款部分收取利息，改为对消费款全部从消费发生日起，收取每日万分之五的利息。换言之，他那39771. 28元虽然早已按时还了，但仍然被收取了高额利息。

按照银行方面的逻辑，“差一分钱没还，就等于所有的钱都没还”。如果一没留神错过了一天还款期，或者还款时与自己的透支额哪怕只留下1分钱的缺口，那么丁某也将与“免息待遇”擦肩而过，并要付出“高昂”的代价。

信用卡的无息分期消费方式，其真正的目的根本不在无息分期的本身，而是引诱消费者消费！只要消费者被引诱到了，消费了第一笔，就会消费第二笔。接受了无息分期的消费方式当然也会使用一般循环信用的消费方式，只要消费者的信用卡账单里有使用循环信用的账款，那么无息分期这四个字就是个消费骗局！

举例来说，某甲曾以无息分期分 24 期的方式消费了 48000 元，每期某甲应付 2000 元，但某甲又消费了 500 元超期未还，计算方式就出现了落差，按理，某甲当期信用卡计息的分母最多应该是 2500 元，可某甲的循环利息的计息分母却是按所有未还款项即 48500 元来计算，某甲的消费款虽然并没有被“灌水”增加，可是无息分期的“无息”部分在人间蒸发了，只剩下分期了，而且还是年息高达 18%的分期付款，比起一般的分期付款高得多。发卡银行是典型的“浑水摸鱼”的做法，而且还不涉及任何法律责任。如果被心细的消费者发现，银行只要说是计算机计算出现错误调整回来就可以了，最多再说句道歉的话；若是没有被消费者发现，那银行就是不赚白不赚了！

3. 信用卡的“收费”陷阱

前几年银行就开始大力推广信用卡，商场、超市、高校等到处都能看到办卡的摊点，办卡人员急切地告诉你信用卡有多少好处，有多长的免息期，不用急着全部还清，最少可以还 10%等等。那他们靠什么赚钱？其实，信用卡的主要利润来自刷卡交易的手续费、循环计息费用以及交叉销售等产生的费用，但除此之外，银行还有很多法子从持卡人的手里吸钞票。

（1）罚息

对于信用卡的利息是从什么时候开始算的，恐怕很多持卡人并不了解。刚开始使用信用卡的刘小姐说："应该是从还款日之后算起吧。"其实，银行从记账日当天就开始收利息。而为了鼓励刷卡消费，银行一般会给予 50 ~ 60 天的免息期，如果在免息期内还清全款就不用支付利息，否则就需要支付从记账日当天开始计算的利息，而不是从还款日之后计算。

（2）最低还款金额

银行一般有规定 10%的最低还款额，有些人认为按照最低还款额还款就行了，信用不受影响。然而银行这么一条看起来似乎人性化的规定，如果结合银行全额罚息的规定来看的话，就没有那么简单了。许多家银行的信用卡使用章程中规定，如果选择最低还款额，就不能再享受还款免息待遇，也就是说哪怕是你欠了一毛钱，整笔透支款所享受的免息待遇就完全失效了。银行是允许你每个月最低还 10%，但如果你真的这么做了，却又要全额罚息，可以说，银行是编了个死套让你钻。

（3）年费

胡先生去年办了一张信用卡，但激活一直没有使用过，直到催款公司打电话催款，他这才知道自己已经欠了400多元，并在银行产生了不良记录，也不能向银行申请贷款。

目前，大多数银行的信用卡收取年费，不支付年费将影响到个人信用，包括未开卡所产生的年费。但长期闲置或者未激活的信用卡，如果不及时注销，长期拖欠年费，就会影响个人信用记录，甚至影响个人求职与事业发展。

（4）取现费

银行取现手续费在 1% ~ 3%之间，这对经常用信用卡取钱的朋友来说最不划算，所以尽量不要多还钱，更不要往信用卡上存钱。信用卡本身就是利用个人信用透支消费，而预存现金就跟该理念背道而驰了，你存入卡里的钱再取出来时还要支付不菲的取现手续费，实在不值。

（5）短信费

对于经常刷卡的朋友来说，为了安全可靠当然是开通短信提醒好。但是如果每年刷卡就那么几次，那还是能省就省吧，或是换家不收短信费的银行。

三个月前李小姐办了一张信用卡，但前不久收到对账单后却发现了一笔 9 块钱的糊涂账。她向银行咨询后才知道这是收取三个月的短信费，而要取消短信提示业务则要先打电话给银行才能办理。

（6）超限费

刷大件商品时，有时会遇到信用卡额度不够的情况。目前对信用卡超额刷卡有不同规定。广发银行信用卡可自动实现 10%信用额度上浮，对超限部分普遍收取 5%的超限费，另外，也允许持卡人在提前申请的情况下提高信用额度，临时信用额度一般是 10 ~ 30 天。而其他银行一般不允许超出信用额度范围刷卡，如果想调高信用额度需要提前申请。

所以在使用信用卡前要仔细阅读所办的信用卡手册，了解信用卡是否允许超限和收费情况，刷卡消费时要留意消费金额，避免超额消费。申请临时提高信用额度时，应在临时信用额度结束前将超额部分还清，否则也需要支付 5%的超限费。

（7）借记卡关联费

在这里要提醒朋友们的是，如果你已经办理了信用卡和借记卡的关联业务，就不要再通过其他渠道还款了，如果要通过其他渠道还款就不要办理这种关联业务，省得被重复收费。

小方用的是浦发银行的信用卡，为了还款方便，他把一张借记卡与信用卡关联。上个月小方的账单金额为3万元，关联的借记卡上正好有3万元，在最后还款日9号之前，小方已经通过其他途径还了2.5万元，还差0.5万元，但到那个月9号时，浦发银行却从借记卡上划走了3万而不是0.5万元。小方通过ATM提取信用卡中多划走的2.5万元时，银行视同提现，收取了3%的取现费，小方大叫冤枉却无处申冤。

这笔取现费也可以省，那就是要去银行柜台办理，但多数人还是没时间去银行排队的，所以只能自认倒霉。

四、由俭入奢易，由奢入俭难

18 世纪法国有个哲学家叫丹尼斯·狄德罗。有一天，朋友送他一件质地精良、做工考究的睡袍，狄德罗非常喜欢。可他穿着华贵的睡袍在书房走来走去时，总觉得家具不是破旧不堪，就是风格不对，地毯的针脚也粗得吓人。于是，为了与睡袍配套，旧的东西先后更新，书房终于跟上了睡袍的档次，可他却觉得很不舒服，因为“自己居然被一件睡袍胁迫了”，就把这种感觉写成一篇文章叫《与旧睡袍别离之后的烦恼》。200 年后，美国哈佛大学经济学家朱丽叶·施罗尔在《过度消费的美国人》一书中，提出了一个新概念——“狄德罗效应”，或“配套效应”，专指人们在拥有了一件新的物品后，不断配置与其相适应的物品，以达到心理上平衡的现象。实际上狄德罗效应可以用宋代政治家和文学家司马光一句著名的话“由俭入奢易，由奢入俭难”来概括。

先说生活中的“狄德罗效应”吧，人们分到或买到一套新住宅，为了配套，总是要大肆装修一番，铺上大理石或木地板后，自然要以黑白木封墙再安装像样的灯池；四壁豪华后自然还要配红木等硬木家具；出入这样的住宅，显然不能再破衣烂衫，必定要“拿得出手”的衣服与鞋袜。就此“狄德罗”下去，有的也就觉得男主人或女主人不够配套，遂走上了离妻换夫的道路。

狄德罗效应给人们的启示：对于那些非必需的东西尽量不要。因为如果你接受了一件，那么外界的和心理的压力会使你不断地接受更多非必需的东西。

如何才能摆脱“狄德罗效应”的摆布呢？大哲学家苏格拉底有他的处理方式。

有一天，几位学生怂恿苏格拉底去热闹的集市逛一逛。他们七嘴八舌地说：“集市里的东西可多了，有很多好听的、好看的和好玩的，有数不清的新鲜玩意儿，衣、食、住、行各方面的东西应有尽有。您如果去了，一定会满载而归。”他想了想，同意了学生的建议，决定去看一看。

第二天，苏格拉底一进课堂，学生们立刻围了上来，热情地请他讲一讲集市之行的收获。他看着大家，停顿了一下说：“此行我的确有一个很大的收获，就是发现这个世界上原来有那么多我并不需要的东西。”

随后，苏格拉底说了这样的话：“当我们为奢侈的生活而疲于奔波的时候，幸福的生活已经离我们越来越远了。幸福的生活往往很简单，比如最好的房间，就是必需的物品一个也不少，没用的物品一个也不多。做人要知足，做事要知不足，做学问要不知足。”

1. 抛弃过度炫耀的心理

有一个用来形容奢侈消费心理的经济学名词叫作炫耀性消费，说得通俗点就是面子消费、身份消费——为面子付出的代价往往是多于一般同类商品几倍的价钱。

为面子而消费的习惯，在很多人身上存在着。有的人觉得不买车没有面子，即使不是十分需要，也贷款买辆车，终于跨入有车一族，说起来这是有面子的事。可是，每月为没有太大用处的汽车还银行贷款，却为自己增加了较重的经济负担。

也就是说，如果奢侈消费行为和经济实力并不相称，就会造成生活质量的严重下降，那么买名牌买大件之前要考虑清楚。

一位年轻的小白领，“壮门面”的宝贝是一个标价 5700 元的 LV(路易 · 威登) 白色挎包，这个挎包还是出差到香港时买的。买这个包时，她犹豫了很长时间：“毕竟我去年才从学校毕业，现在一个月收入也不过 4000 元左右，为了买这个包，我两个月没有买一件衣服，天天在公司吃盒饭。但是公司里的女同事，眼睛都好厉害，见面第一眼就看你穿什么鞋、背什么包。相比套装来说，一个包可以天天带，背好多年都不会过时，而且挎上后确实整个人的气质就不一样了，特显档次，我觉得这是最划算的消费了。”

和她有同样想法的人不在少数。和富豪相比，这些“青年骨干”买奢侈品的时候要咬牙跺脚，咬牙跺脚之后可能还要半个月勒紧裤腰带。既然财力不济，为何还如此在意奢侈消费？专家研究的结果是：高密度的人群助长了消费中的攀比之风。

所以，需要提醒人们的是，要避免炫耀性消费。你买一件东西的时候要考虑的不仅仅是自己能不能买得起，还要衡量这个东西的费用自己是不是可以比较轻松地承担。奢侈品消费可以提高生活品质不假，那些世界名牌形形色色的包包、鞋子、衣服确实诱人，但如果因为买这些产品使你的生活质量有很大的下降，就得不偿失了。

可以说，在金钱文化的主导下，炫耀性消费已经遍及到了社会的每个角落，它的表现形式也是无所不有。现在，炫耀似乎成了一种时尚，我们总喜欢在别人面前把自己吹得天花乱坠。可是，我们必须明白炫耀是一种肤浅的表现，而且炫耀过度的话，只会让别人嘲笑自己，破坏自己的人际关系，我们要抛弃过度炫耀的心理，只买对的，不买贵的。

有一位富翁说："其实我们的生活并没有小说里写得那么奢侈。多年来，我一直坚持一个原则——舒适即可，杜绝奢侈。因为，由俭入奢易，由奢入俭难。有再多的财富，也会被这些奢侈品消耗掉。"

对于那些不惜吃糠咽菜、节衣缩食以博一个奢侈品 LOGO 随身而行的小白领，我们当然应该一语喝醒梦中人。看看在我们身边，物质的奢侈消费已经很多很多，精神的奢侈消费还太少太少。一掷千金买名表、开名车的人有的是，舍得花钱读好书、看好戏的又有多少呢？

2. 绝不会为了面子"装阔"

作为曾荣登美国《福布斯》杂志世界富翁榜首的比尔·盖茨是不是应该过着最奢华的生活呢？答案是否定的。

这位世界首富没有自己的私人司机，公务旅行不坐飞机头等舱却坐经济舱，衣着也不讲究什么名牌；更让人不可思议的是，他还对打折商品感兴趣，不愿为泊车多花几美元……为这点"小钱"，如此斤斤计较，他是不是"现代的葛朗台"？

另一面的事实显示，比尔·盖茨并不是那种悭吝的守财奴——比如，微软员工的收入都相当高；比如，为公益和慈善事业一次次捐出大笔善款，他还在有生之年把95%的财产捐出去……

事实上，他从没把钱当作是他生命中最重要的追求，也不认为金钱是万能的。对他而言，创业是他人生的旅途，财富是他价值量化的标尺。他曾经说过："我不是在为钱而工作，钱让我感到很累。""我只是这笔财富的看管人，我需要找到最合适的方式来使用它。"这就是比尔对金钱最真实的看法。

比尔总是告诉妻子美琳达，自己努力工作并不只是为了钱。对待这笔巨大的财富，他从没有想过要如何享用它们。在生活中，比尔也从不用钱来摆阔。一次，他与一位朋友前往希尔顿饭店开会，那次他们迟到了几分钟，所以没有停车位可以容纳他们的汽车。于是他的朋友建议将车停放在饭店的贵宾车位。比尔不同意，他的朋友说："钱可以由我来付。"比尔还是不同意，原因非常简单，贵宾车位需要多付12美元，比尔认为那是超值收费。最后他还是找了个普通车位停了车。所以即使是花几美元，比尔也要让它们发挥出最大的效益。

婚后，比尔与美琳达很少去一些豪华的餐馆就餐，有时由于工作上的需要才不得不光顾一些高级餐厅。一般情况下，他们会选择肯德基，或是到一些咖啡馆。有时还会一块光顾一些很有特色的小商店。

一次，比尔与美琳达来到一家墨西哥人开设的食品店，这里被公认是西雅图最实惠的商店。刚一进店门，比尔就被"50%优惠"的广告词吸引，在不远处的葡萄干麦片的大盒包装上的确写着这样几个字。比尔似乎不敢相信这个标价，因为同样的商品在本地的一些商店要比这里的价格高出一倍。比尔想得知它的真伪，便上前仔细端详。当他确认货真价实时，才付钱买了下来。对于自己的衣着，比尔·盖茨从不看重它们的牌子或是价钱，只要穿起来舒服，他就会很喜欢。一次比尔应邀参加由世界 32 位顶级企业家举办的“夏日派对”，那次他穿了一身套装，这还是美琳达先前在泰国普吉岛给他买来拍照时穿的衣服，样式感觉还不错，只是价格还不如歌星、影星一次洗衣服的费用。但比尔不在乎这些，很高兴地穿着这套衣服参加了这次派对。他生活的信条就是：“一个人只有用好了他的每一分钱，他才能做到事业有成、生活幸福。”

平日里，如果没有什么特别重要的会议，比尔会选择休闲裤、开领衫以及他喜欢的运动鞋，但是这其中没有一件是名牌。

从比尔·盖茨花钱的态度上，我们可以看到，成功的人绝不会为了面子“装阔”。精打细算，不乱花钱，才是大富翁的真正风度。

3. 要花钱有度，量入为出

正常情况下，个人的支出取决于他的收入，而个人的财产多少，又取决于他的支出。收入是“源”，支出是“流”，想要积累财富，第一守则就是要量入为出，它也是消费金律。为什么要量入为出？因为违反这一规则的直接后果有两个：

（1）没有稳定积累的资本

你每天都期盼着成为富人，却没有积累下一分钱的资本，这是不是很矛盾？这样的财富梦怎么可能实现呢？

量入为出，就是为了积累资本，就是为了更快地拥有财富。在你所能控制的范围内，只要能省下钱，哪怕只积累一点点都是你无尽财富的开端。

（2）背负不必要的债务

一旦超过了量入为出的界限，你就不得不承担一些债务。于是，在每次拿到自己的工资的时候，你首先要还债，可是还完债，到了月底又不够用，还要继续借债……背负这些债务，你还能快乐得起来吗？你一时的挥霍，可能几个月都要过着因此导致的困窘的日子。不要说实现财富梦想，一日三餐都可能成为你每天早上一起床就觉得头痛的问题。

一个人为了眼前的快乐，突破自己收入的底线，结果就是一段较长时间的不快乐。如此不等价的交换，根本不是理财者想要的效果。无论什么人，若想要以后能过上富足的生活，就必须要克制住自己的欲望，必须从量入为出做起。

现在有不少的年轻人，对这种精打细算的节俭作风不以为然，还认为太迂腐，太苛刻自己。他们不仅花费巨资换取物质生活的舒适，还企图用钱买回自我优越感，于是斗富摆阔，奢靡无度，他们并不把钱用来投资，以期如“鸡生蛋、蛋孵鸡”般创造财富，可以断定，这种生活方式，即使家有万金，也将会“坐吃山空”。

一位成功致富的人士曾对资金做过这样的比喻：资金和企业如同血液与人体。他告诉我们，即使一个拥有一定财富的人，如果把钱用于盲目的消费，而不愿意用来周转，那么对于未来的事业来说，就像人体有了充分的血液，但心脏已经坏死，不再能够促进血液循环一样，其事业也会静止不动而死亡。只有把手中的钱再合理地运用到经营投资活动中，才能获得更高效益，赚到更多的钱。

要节省可以按照下列的方法去做：

首先，当你要卖钻戒、手镯或各种零碎东西的时候，你不妨暂时忘怀（像忘记你所懊悔的事一样），过一年再说，这可以免除你后来的懊悔。

其次，如果你现在每天要喝酒，每日两次，那么在今后的一年之中，每天只饮一次。如果现在每天饮一次，那么在今后的一年中，每隔一天饮一次。如果你现在每星期饮一次，那么在今后的一年中，每隔一星期饮一次。只要使次数减少以后，并不增加所饮的量，你就可以减省一半的费用了。

量入为出，对任何人来说都不是苛求。做到量入为出，你就掌控了自己的消费，掌控了自己的欲望，掌控了自己的财富！